淡海文庫48

長浜 曳山まつりの舞台裏

大学生が見た伝統行事の現在《いま》

市川秀之・武田俊輔 編著
滋賀県立大学曳山まつり調査チーム 著

SUNRISE

はじめに

　長浜曳山まつりは、長濱八幡宮の春の祭礼としておこなわれる、湖北に春を呼ぶ近江を代表するまつりである。ことに曳山の上で演じられる子ども歌舞伎（狂言）は、子どもとは思えない見事な演技と華やかさで広く知られている。

　滋賀県立大学は彦根市にある小さな大学だが、その人間文化学部地域文化学科の学生たちが、この伝統ある曳山まつりの調査に参加することとなった。調査は練習の段階から各山組に張りついて参与観察をするものであり、学生たちはそのなかで曳山まつりの細部までを自らの目と耳で知ることができた。また学生たちは長い調査を通じて人間的にも大きく成長していった。

　本書は調査に参加した学生たちをとおして、曳山まつりを描き出すことを目的としている。もちろん曳山まつりについては、これまで多くの書物やガイドブック、パンフレットなどが刊行されている。しかしながらその多くは観客としての視点からまつりを見たものである。本書に特色があるとすれば、まつりを運営するさまざまな組織に密着し、観察を続けた学生たちの目をとおしていわば舞台裏から曳山まつりが描かれているという点であろう。華やかな祭礼は、人々の熱い情熱と地道な努力によって支えられている。そしてそのことが曳山まつりの長い伝統を支えてきたのである。曳山まつりを保ち続けてきた地元の人々の活動に目を向けることによって、このまつりの魅力をさらに深く知ることができるだろう。本書がその一助となれば幸いである。

調査に際しては、曳山文化協会の皆様をはじめとして、總當番、各山組の皆様、三役の皆様などに大変お世話になった。皆様方には調査にも慣れない学生の質問に丁寧にお答えいただいたり、稽古場の見学をお認めいただいたり本当に感謝の言葉もない。心よりお礼を申し上げるとともに、長浜曳山まつりのさらなる発展を祈念いたしたい。

目次

III 曳山まつりの現在を考える

長浜市
彦根市
滋賀県立大学

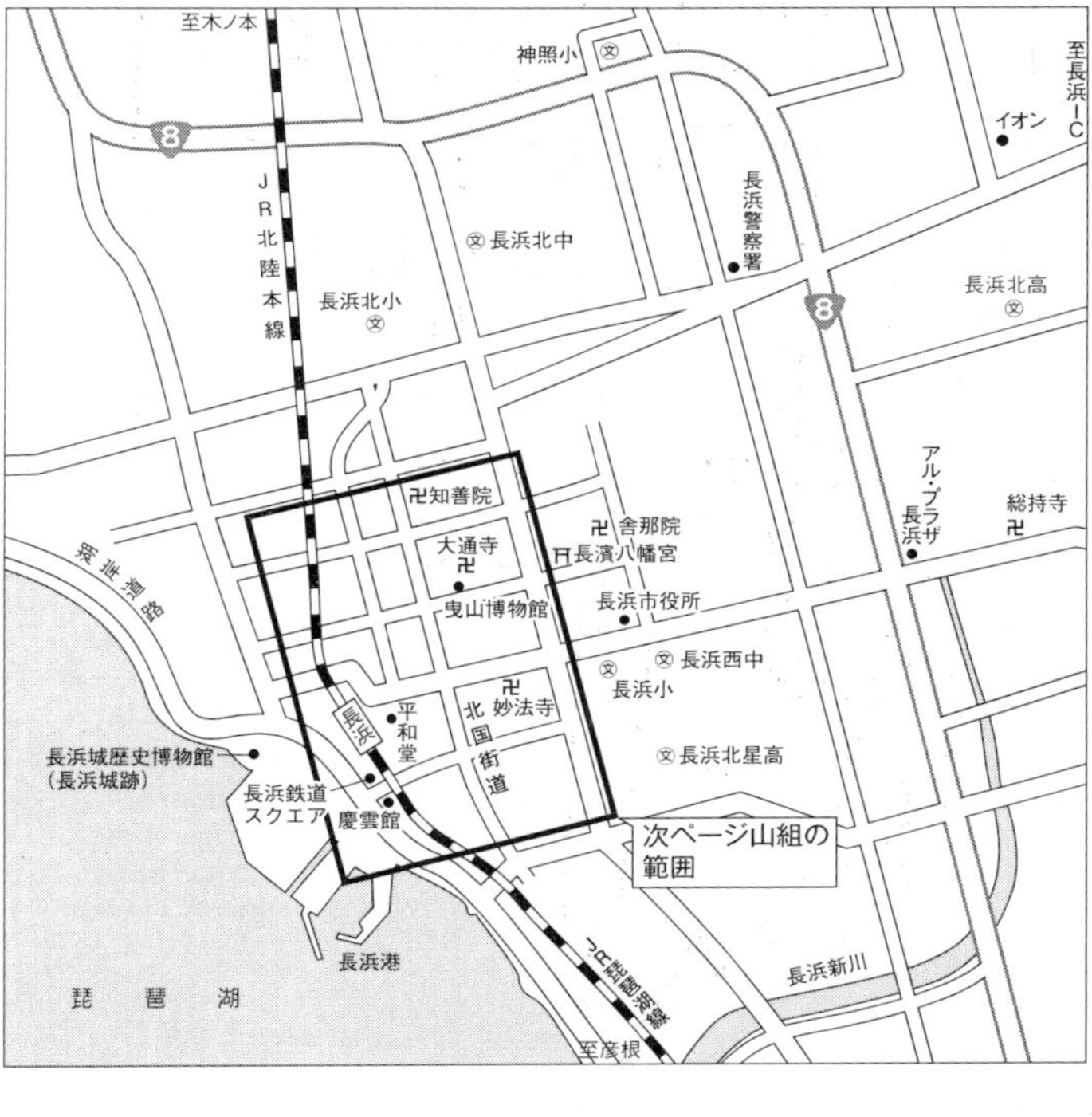
至木ノ本
神照小
至長浜IC
イオン
JR北陸本線
長浜北中
長浜警察署
長浜北小
長浜北高
アル・プラザ長浜
総持寺
知善院
大通寺
舎那院
長濱八幡宮
曳山博物館
長浜市役所
湖岸道路
長浜西中
長浜小
妙法寺
平和堂
北国街道
長浜
長浜城歴史博物館
(長浜城跡)
長浜鉄道スクエア
慶雲館
長浜北星高
次ページ山組の範囲
長浜港
琵琶湖
JR琵琶湖線
長浜新川
至彦根

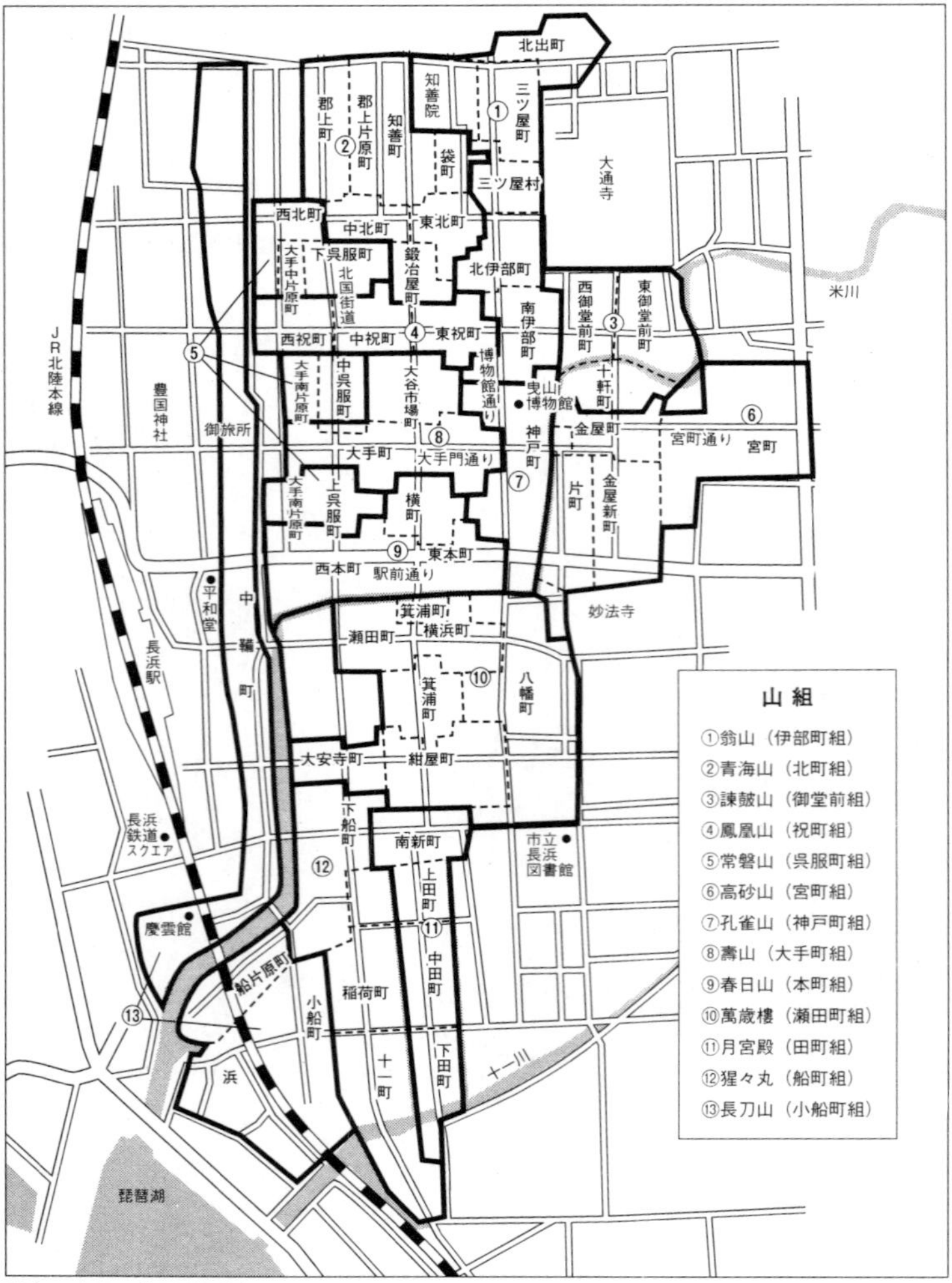
山組
①翁山（伊部町組）
②青海山（北町組）
③諫皷山（御堂前組）
④鳳凰山（祝町組）
⑤常磐山（呉服町組）
⑥高砂山（宮町組）
⑦孔雀山（神戸町組）
⑧壽山（大手町組）
⑨春日山（本町組）
⑩萬歳樓（瀬田町組）
⑪月宮殿（田町組）
⑫猩々丸（船町組）
⑬長刀山（小船町組）
北出町
知善院
三ツ屋町
郡上町
郡上片原町
知善町
袋町
三ツ屋村
大通寺
西北町
中北町
東北町
下呉服町
大手中片原町
北国街道
鍛冶屋町
北伊部町
西御堂前町
東御堂前町
米川
南伊部町
西祝町
中祝町
東祝町
JR北陸本線
豊国神社
御旅所
大手南片原町
中呉服町
大谷市場町
博物館通り
曳山博物館
十軒町
宮町通り
宮町
金屋町
神戸町
大手町
大手門通り
上呉服町
横町
片町
金屋新町
東本町
西本町
駅前通り
平和堂
中鞴町
長浜駅
妙法寺
箕浦町
瀬田町
横浜町
八幡町
大安寺町
紺屋町
下船町
長浜鉄道スクエア
南新町
市立長浜図書館
上田町
慶雲館
船片原町
中田町
稲荷町
小船町
十一町
下田町
十一川
浜
琵琶湖

現在の山組の範囲（太線）

I

長浜曳山まつりとは

長濱八幡宮から神輿が出発してまつりが始まる

学生による長浜曳山まつりの調査

滋賀県立大学人間文化学部　教授
市川秀之

曳山まつりへ

曳山文化協会に当時お勤めだった橋本章さんが彦根市にある滋賀県立大学の私（市川）の研究室におこしになったのは、平成二十二年（二〇一〇）十二月のことであった。長浜曳山まつりの調査の責任者を私に引きうけてくれないかという御依頼であった。私は民俗学を専門にしているものの、芸能はまったく苦手である。また平成二十三年十月に滋賀県立大学で日本民俗学会の年会を開催することが決まっており、少しずつ忙しくなり始めていた時期でもあった。そんなこともあって少し悩んだが、結局はお引きうけすることとなった。私にはこの機会に学生たちに調査の経験を積ませようという下心があり、また同じ学科で社会学が専門の武田俊輔さんに手伝ってもらえばどうにかなるかという甘い気持ちもあった。武田さんは民謡の研究などもしておられ、私よりははるかに芸能に詳しい。

しかしながらまつりは翌年の四月に迫っている。橋本さんの話によると二月一日の山組総集会から本格的にまつりの準備が始まり、それ以後、各山組では役者依頼などの行事が次々におこなわれるという。こちらとしても急いで体制を作らなければならない。今回の調査は文化庁の補助金を得ておこなうもので、民俗調査とともに記録映像の作成が大きな柱となっている。長浜曳山まつりについてはこれまで何度か調査がおこなわれ、ことに芸能史的な内容については『長浜曳山祭総合調査報告書』（一九九六年）という立派な報告書が作成されている。また平成十四年（二〇〇二）に出された『長浜市史』（六巻・祭りと行事）にもこのまつりの詳しい記載がある。学生を主体とするわれわれの調査が、これらの先行業績を超える成果をあげる可能性は少ない。そんなこともあって今回の調査では現在の長浜曳山まつりの姿をありのままに記録することに重点を置くこととした。これは対象に密着してそのすべてを記録し、そこから問題点を見出していく方法で参与観察調査とよばれている。若い学生であっても、いや体力があって順応力のある若い学生だからこそ、長期間にわたるまつりの参与観察調査にも対応できると考えたのである。このような調査方針は映像作成と並行して調査がおこなわれることとも関連している。映像は現在のまつりを記録するため、それに対応する調査の方法は現状の詳細な記録によるしかないからである。とはいうものの、毎年曳山を出す山組は四つあり、狂言の稽古をはじめとした準備期間も長い。調査には多くの学生の力がぜひとも必要であった。私と武田さんは授業などでチラシを配布し学生たちに調査への参加を呼びかけた。実はこのようなしんどい調査にたくさんの学生が参加してくれるのかどうか不安はあったが、結局十三名の滋賀県立大学人間文化学部地域文化学科の院生と学生が調査に参加することとなった。学生たちになぜこの調査に参加する気になったのかを尋ねたが、長浜出身のある学生は「親が昔若衆だったのでまつりのことを知りたいと思って」と答え、また他県出身のある学生は「自分の地元にはこんな大きなまつりはないので」と答えてくれた。ただほとんどの学生は長浜曳山まつりに対する知識が浅く、過去にまつりを見たことがある者も数人であった。

もちろん学生たちだけで調査ができるわけもない。このような調査の経験を積んだ何名かの調査員の皆様にも調査に参加していただくこととなった。また他大学の学生にも参加いただくことができた。平成二十三年四月におこなわれたまつりの調査に参加した調査員・学生は以下の通りであった。《調査員》浅野久枝・東資子・上田喜江・小林力・中野洋平・西川丈雄・濱千代早由美・藤岡真衣《学生》中川永・高木唯・鎌倉千穂・貫志弘基・後藤

恵理・瀬在優実・宮下侑子・向井渉・村松美咲・山崎晃代・井上共世・西田葵（以上滋賀県立大学）・西野文彦（京都学園大学）・土田良太（佛教大学）。

調査そのものは曳山文化協会から滋賀県立大学が受託する形でおこなうことが決まったものの、事務的作業に時間がかかり、調査参加者が初めて一同に会したのは、年もあけた平成二十三年一月十六日のことであった。曳山文化協会が運営している曳山博物館には館内に曳山が展示してあり、来館者はまつり以外のときでも豪華絢爛な曳山を目にすることができる。曳山文化協会の事務局でもある曳山博物館は、その後われわれの調査の拠点となり、職員の皆さんには本当にお世話になることになった。その曳山博物館内の伝承スタジオで初めての打合せがおこなわれた。この年に狂言（長浜では歌舞伎のことを狂言と表現している）を奉納する曳山（山組）は春日山《かすがざん》（本町《ほんまち》組）、月宮殿《げっきゅうでん》（田町《たまち》組）、青海山《せいかいざん》（北町《きたまち》組）、諫皷山《かんこざん》（御堂前《みどうまえ》組）の四つであったが、それぞれに張りつく調査員と学生をこの打合せで決定した。また基本的な調査の進め方や、各自への連絡方法などもこのとき確認した。学生の大半はこのような調査は初めてである。折からの大雪のなか帰りの車を運転しながら、後部座席の学生たちがかわす本当に自分たちに調査ができるだろうかという心細い会話を聞きながら、私の心中は学生たち以上に不安でいっぱいだった。

初めての調査・山組総集会

私の初めての曳山まつり調査は平成二十三年二月一日の山組総集会だった。私はスーツが嫌いで、普段大学でもほとんどネクタイを締めることがない。しかしながらこの日は武田さんとともにスーツを着て会場である長浜八幡宮の参集殿へと向かった。長浜曳山まつりはこの長浜八幡宮の春の祭礼としておこなわれる。八幡宮は長浜旧市街地の東よりの場所にあり、四月十五日の狂言はこの神社の神前でまず奉納され、商店街の数ヶ所での上演ののち、夜に長浜駅近くの御旅所で大団円を迎える。

広い境内の一角にたつ参集殿は、まつり当日も總當番の本部となる建物である。山組総集会の会場で目にした光景は驚くことばかりだった。この日は各山組からは負担人とよばれる代表者二人が参加し、受付や会の進行などは總當番という組織の人たちが担当することとなっている。参加者はわれわれを除けばすべて紋付姿の正装で、会場につくと持参した扇子を前に置いて總當番に丁重に挨拶をする。そのあと用意された和紙の横帳に到着順に記帳して席につくのである。もちろん遅刻などは許されるわけもなく、なんともいえない緊張感が会場を支配していた。あとで聞いたお話では山組の人たちは紋付はかまのほか、長着流しなど何種類もの和服が必要で、また扇子はどのような集会でも必需品だという。長浜は近年では黒壁などで知られる観光地であり、現在も着実に成長を続けている都市である。その一角でこのような古風な寄合の風習が保たれていることはわれわれにとって大きな驚きであった。

集会では今年の各山組の狂言の外題《げだい》が発表される。この年の外題は、春日山「釣《つり》女《おんな》 戎詣恋釣針《えびすもうでこいのつりばり》」、月宮殿「嫗山姥《こもちやまんば》 八重桐廓噺《やえぎりくるわばなし》」、青海山「玉藻前曦袂《たまものまえあさひのたもと》 道春《みちはる》館《やかた》の場」、諫鼓山「春重《はるをかさねて》四海波《しかいなみ》」であった。もちろんこの外題決定に至るまで、各山組では振付と狂言の中心になる若衆の間で何度も調整がおこなわれているが、公式的にはこの日から曳山まつりの準備が本格化することとなる。

私は慣れない正座に足がしびれるなか、總當番や山組の皆さんにこれから始まる調査へのご協力をお願いして会場を退出した。寒い時期にもかかわらず私は緊張のために少し汗ばんでいた。正座による足のしびれはこのあと何度も経験することになる。

シャギリの調査

平成二十三年二月から調査は本格化した。当時大学院生の小林君はこの時期おおかた曳山博物館に張りついて橋本さんたちとともに調査の日程調整などに奮闘してくれた。この時期にはまだ狂言の稽古は始まっておらず、われわれの調査はシャギリの稽古が中心であった。

シャギリは曳山まつりのさまざまな局面で演奏されるお囃子《はやし》のことで、横笛とすり鉦《がね》、太鼓で演奏される。かつては近隣農村から人が来てシャギリを演奏していたが、戦後は長浜の子どもたちが中心になっている。若衆のなかにはシャギリを指導する担当者がいて、毎週決まった日にチョウイエとよばれる山組の会館で練習がおこなわれるのである。

われわれの調査はその稽古の観察が中心であったが、学生のなかには観察にあきたらず自らも笛を入手し、子どもたちにまじって練習に参加する者もあらわれた。山崎さんなどはずいぶんと上達し、この年のまつりには壽山のシャギリの一員としてまつりに参加するまでになった。このようなまつり自体への学生の参加は当初私がまったく予想しなかったものであった。

狂言の稽古始まる

私自身は以前に一度曳山まつりを見学し子どもたちの見事な芸に感心したことがある。そのときには本番を迎えるまでの過程に思いをはせることはなかった。狂言で役者を演じるのは五歳から十二歳までの子どもたちである。彼らを厳しく振付が指導する。振付はプロの人が多く、山組では宿を用意して振付を長浜に呼び稽古してもらうのである。狂言の稽古が本格化するのは子どもたちが春休みに入る三月二十日頃からで、その頃からわれわれの調査の中心も狂言の稽古に移っていった。私も今回初めて練習を見学することができたのであるが、もとより私も学生も歌舞伎の知識はほとんどなく、まったく海外の異文化に飛び込むようにして調査に臨むこととなった。

稽古の進め方は振付によっても大きく異なるが、それ以上に山組ごとの個性が反映される。狂言を若衆が中心に執行することはどの山組でも同様であるが、比較的誰でも稽古を見学できる山組がある一方で四月九日におこなわれる線香番までは、若衆以外は先輩である中老でさえ稽古場に入れないという山組もある。また稽古場には役者の子どもの母親も含めて女性を入れないという山組もあって、これは女子学生が中心であった今回の調査ではやや頭の痛い問題であった。また稽古は朝昼晩と一日三回おこなわれることが多い。夜の稽古が終わるとずいぶん遅くなってしまう。学生たちの帰宅もそれに合わせて遅くなるのだが、みんな思った以上にがんばって調査を続けてくれた。調査が始まった当初は学生に対して不安の気持ちが大きかった私であるが、この頃にはなかなかやるじゃないかと学生を見直すことが多くなってきた。

地震と曳山交替式

平成二十三年三月十一日の午後、私は滋賀県立大学の研究室で大学院生たちとゼミの授業をしていた。突然の地震に研究室の本棚は大きく揺れたが幸いにも満載の本が崩れ落ちることはなかった。私にとってはあの阪神大震災以来初めて経験する大きな揺れであった。しかしそのあとメディアを通じて飛び込んできた東日本の地震被害の状況は想像をはるかに超えるもので、テレビの画面を前にして私は凍りついたように立ちすくんだ。この未曾有の大震災は、一ヶ月後にせまった曳山まつりにも大きな影響を与える。実は震災直後、私はこの年のまつりの開催を危ぶんでいた。実際、滋賀県でも長浜と同じく春の曳山まつりとして知られる水口まつりは中止が決定し、そのほかのまつりでも縮小や中止が相次いでいた。長浜曳山まつりについては、裸参りの実施は各山組の判断ということになり、神輿の渡御は中止となり榊で神霊を御旅所に移すこととなった。また夕渡りのときのシャギリのパレードもこの年は中止となった。

このように例年とは若干の違いはあるものの平成二十三年春の曳山まつりはおこなわれ

曳山交替式　曳山博物館から曳きだされる諫皷山（曳山博物館　H23.4.2 10:50）

ることとなり、四月二日には曳山交替式がおこなわれた。先に紹介した曳山博物館には翌年に出番を迎える四基の曳山が展示されることとなっているが、この曳山がこの日に館から曳きだされ自分の町の山蔵に戻り、かわって翌年の出番山が博物館に収納される行事が曳山交替式である。もちろん平成十二年に博物館ができてから始められた新たな行事であるが、すでに曳山まつりを構成する行事の一つとして定着している。学生たちにとっては曳山の曳行《えいこう》を初めて目にする機会であり、本番に向けての恰好の調査の練習機会ともなった。

まつり始まる

交替式が過ぎる頃から狂言の稽古は熱気を帯

びてくる。振付や若衆の目の色がかわり、子どもたちの演技も日ましに上達の度を加える。まつりの準備は稽古だけではない、さまざまな物品の調達や、音響設備などの準備に担当の若衆や中老はかかりきりになる。四月九日の線香番は各山組の狂言が時間通りに執行されているかを總當番が確認する行事で、この日から稽古が町の人々にも公開される山組が多い。またこの日から四日間、裸参りがおこなわれる。狂言の順番を決める籤《くじ》は十三日に引かれるが、その籤を引く籤取人がよい籤を引けるよう若衆が神社に祈願する行事が裸参りである。若衆は白さらしにキマタという姿で山組から長濱八幡宮そして豊国神社へと参拝する。武田さんと学生の向井君もこの姿で月宮殿の裸参りに参加した。四月とはいえ湖北の夜に半裸という姿はいかにも寒い。そのうえ行進の出発に際しては、塩水を若衆にかけ、また二つの神社では井戸に次々に飛び込むのである。武田さんや向井君の話によると、水をかけられると冷たいのを通り越して痛いのだという。

線香番を過ぎれば、裸参り、起し太鼓と行事は深夜にもおこなわれるようになる。起し太鼓とは町の人がまつりの間寝ないように、深夜の街中をシャギリを囃して歩く行事で、このときには軽快な曲が演奏される。私と武田さんは行事が終わって学生を下宿まで送り、自分は大学の研究室で仮眠をとるという日が続いた。

十三日からは本格的なまつりが開始される。長濱八幡宮拝殿でおこなわれた籤取り式では、順番が春日山、月宮殿、青海山、諫皷山と決定し、まつりの雰囲気はだんだんと盛り上がっていった。この日の夕方には各山組が自分の町内で狂言を披露する。子どもたちにとっては初めての曳山の上での演技となる。このときには緊張のために子どもたちの演技にもミスが目立つが、狂言のたびに演技のレベルが目に見えて上がっていくのを見るのは嬉しい。稽古からずっと見ている役者たちには、自然と感情移入してしまうのである。これは学生たちも同様のようであった。若衆のお話によると、観客の拍手が子どもたちを成長させるのだという。

十四日は前日同様、自町での狂言があり、そのあと曳山を長濱八幡宮まで曳行させる登り山の行事がおこなわれる。長浜の旧市街地の道幅は狭く、大きな曳山は民家の屋根や店の看板をかすめるようにしてゆっくり進んでいく。日が暮れてからおこなわれる夕渡りは、神社から太手筋を通って自町まで役者たちが歩くパレードである。夜の光のなかで本番の衣装を着、化粧をした役者たちの姿は実に愛らしい。

翌十五日は本日《ほんび》とよばれる本まつりの日で、この日の朝から各山が長濱八幡宮境内で狂言をおこない、商店街の各所で上演をしながら、夜には御旅所で勢揃いして狂言をおこな

月宮殿稽古場付近で調査メモをとる学生たち（田町会館　H23.3.25 9:27）

う。平成二十三年の本日は、朝は快晴であったが昼前から雨が降りだし、その物自体が貴重な文化財である各曳山にはビニールシートが掛けられた。このような悪条件のなかであったが、役者たちは懸命に演技を続けた。御旅所での最後の狂言のときには、雨もようやくあがり、各曳山の提灯に照らされた幻想的な雰囲気のなかで狂言が演じられた。御旅所での狂言のあと曳山は各町の山蔵へと帰っていく。翌十六日には自町で何度か狂言がおこなわれるほか、長浜文化芸術会館でも上演される。夜に自町でおこなわれる最後の狂言は千秋楽とよばれる。役者もそれを支えた若衆や三役も、ある種の感慨に包まれるなか狂言は終了する。

このように曳山まつりは長期にわたるまつり

であるが、幸いにも学生らは体調を崩すことなく最後まで調査を続けてくれた。千秋楽が終わったときには、学生も私もある種の達成感を味わったが、調査はこれで終了したわけではなく、まだまだ続くのである。

調査を終えて

平成二十三年の曳山まつりは終わったが、幸いにしてこの年度も調査事業は曳山文化協会によって継続されることとなった。この年(平成二十三年度)の調査の中心はかつてのシャギリを担った周辺村落での調査であったが、これには大学院生の小林君が参加した程度で学生の関与は少なかった。学生らはこの年の調査の成果を市民や山組の皆様の前で発表するワークショップの機会を何度か得ている。学生たちによる曳山まつり調査は長浜の人々にも次第に知られるようになってきていた。

この年のもう一つの目玉は報告書の刊行であり、これについては学生たちが獅子奮迅の活躍をすることとなった。大学院生の小林君は修士論文を書く一方でこの作業の中心となり、また鎌倉さん・瀬在さん・山崎さんなどは、連日私の研究室に泊まりこんで、編集作業を進めてくれた。

前年度の調査のあと、調査員や学生たちは参与観察調査の結果をエクセル形式で入力したデータを提出している。また調査の過程で撮影された膨大な写真や、音声データ、映像データなどもハードディスクに集積されていた。それらのデータ総量は一テラ近くという膨大なものとなっていたが、これを基本資料として報告書の作成が進められた。報告書は報告編と調査員が執筆する論考編からなるが、報告編の方は学生たちがハードディスクのデータをもとに最初の原稿を作成した。私と武田さんは学生から次々にあがってくる原稿を真っ赤に直して返すのだが、この作業では曳山まつりの生き字引とでもいうべき西川丈雄さんをはじめとする曳山文化協会の皆さんの御知恵を拝借する機会も多かった。

平成24年3月に納品された報告書
『長浜曳山祭の芸能』

このようにしてできあがった原稿を、インデザインというソフトに流し込み、さらに写真や図面を挿入してほとんどできあがりの状態で印刷業者さんに渡すのである。このインデザインによる編集作業では中国人留学生である王さんががんばってくれた。すべての編集作業が終了し、原稿データを業者さんに引き渡したのは二月二十一日のことであった。印刷をお願いしたのはサンライズ出版で、このことがこの『長浜曳山まつりの舞台裏』刊行の契機となるのである。ちょうど一ヶ月後の三月二十一日に報告書は納品されたが、参与観察調査の結果を活用しこれまでの祭礼調査の報告書にはないユニークな内容のものになったと自負している。これも学生たちの調査と編集作業のたまものである。

一年前、調査を前にした私が感じた不安は、学生たちの奮闘と成長によってみごと裏切られることになった。調査に参加した学生のなかにはこの年の三月に卒業した者もいるが、報告書は最高の卒業記念になったと思う。

平成二十四年の曳山まつり

曳山文化協会から委託された調査は平成二十三年度で終了したため、平成二十四年四月のまつり調査は、私と武田さんを中心に県立大学がいわば独自でおこなうものとなった。前年度の調査によって、私と武田さんは曳山文化協会や山組、總當番の皆さんとずいぶん仲良しになり、さまざまな集会やそのあとの宴会にまで参加する機会が増えてきた。委託事業による調査ではなくなったが、知り合いも増えまつりの調査そのものは前年度よりもずいぶんとやりやすくなっていた。この年のまつりの時期には前年に活躍した学生たちの多くが就職活動に駆けまわっており、新たなメンバーを補充して調査に臨むこととなった。この年から参加した滋賀県立大学の院生と学生は、王京徽・荒川樹・岸本香歩・篠田佳奈・本禄賢志・佐野正晴らであった。

調査は前年同様にいくつかの山組に密着した参与観察調査の形でおこなう予定であったが、予期せぬ事情から前年とはずいぶん違ったものとなった。この年の出番山は壽山《ことぶきざん》（大手町《おおてちょう》組）・鳳凰山《ほうおうざん》（祝町《いわいちょう》組）・高砂山《たかさござん》（宮町《みやまち》組）・猩々丸《しょうじょうまる》（船町《ふなまち》組）であり、武田さんは壽山に密着することになっていた。壽山は稽古場に中老も入れないほどガードが固い山組であるが、若衆筆頭は武田さんがまつりが終わるまで若衆の一員となることを条件に調査を認めてくれたのである。かくして武田さんは壽山の若衆となり、ほぼ連日稽古場である安浄寺におもむいて詰め番などの仕事を担当することとなった。またその影響で県立大学の学生も壽山の若衆の補助をする機会が増えた。

予想外のこととはいえ、武田さんの若衆入りによって、より内部の視点からの曳山まつりの調査が可能となったのである。まつりの本番では武田さんは羽織はかまをレンタルし、手には扇子を持って若衆の役を立派に務めた。

またこの年から總當番が本格的なボランティア制度を導入したのも前年度とは大きくかわった点である。長浜の曳山は五～六トンもあり、それを曳行するには多くの人手を必要とする。戦前まではずいぶん広い範囲で人を集めて曳いていたが、戦後は自衛隊に依頼したりアルバイトを雇ったりして対応してきた。その山曳きの一部をボランティアで対応することとしたのである。また人行事という先導役や、道中の整備、記録などの仕事もボランティアが担当することになった。先に挙げた調査参加者もまつり当日はボランティアとして祭礼に参加している。また彼らのほかに中川永・大矢吉昭・向井渉・北原幹也・山田航平・池田灯・石原慎也・藤谷悠佑らもボランティアとして参加してくれた。伝統的な曳山まつりもこのように少しずつ変化しているのである。

『長浜曳山まつりの舞台裏』

先にも書いたように平成二十四年の春に刊行した報告書の印刷をサンライズ出版にお願いしたことが御縁となって、この『長浜曳山まつりの舞台裏』を刊行することができることとなった。学部の学生の文書が活字になって書店に並ぶことはめったにない。学生たちも懸命に取り組んでくれたのだが、やはり文章は幼く、観察も甘い。読み苦しい文章ではあるが、御容赦いただきたい。一年半の間長浜曳山まつりという伝統的祭礼に真正面から取り組んだ若者たちの目を通じて、この素晴らしい祭礼の新たな魅力が読者の皆様に伝われば幸いである。

曳山まつりの楽しみ方

滋賀県立大学人間文化学部　四回生
鎌倉千穂

長浜曳山まつりは、国の重要無形民俗文化財に指定されている、長濱八幡宮（以下八幡宮）の祭礼である。毎年四月十三日から十六日を中心におこなわれ、とくに、子どもによって演じられる子ども歌舞伎（以下狂言）とそれをおこなう曳山の巡行はまつりの目玉となっている。

しかし、まつりはその二つの要素がすべてではない。今回まつりに密着するなかでまつりを作り上げているさまざまな物や人を見た。まつりを盛り上げるシャギリの演奏や曳山を飾る装飾、まつりを支える組織の苦労や活躍だ。これまで知らなかった場面に目を向けたことで、私のなかの長浜曳山まつりの楽しみ方は大きく広がった。

ここではまつりの概要を説明していく。まつりの歴史、まつりを支える組織、曳山や山組の特徴、行事の内容を順番に紹介していくことで、まつりの見どころを広げていきたい。

曳山まつりの歴史

曳山まつりの由来は、秀吉の時代にまでさかのぼる。

秀吉の在城当時、八幡宮のまつりで太刀渡りという武者行列が始まった。その後秀吉の男子出生を祝って町民に祝金を振舞い、それをもとに各町で曳山を造ってまつりで渡ったことが始まりとされている。

しかし、この頃は現在のようにまつりのなかで芸能はおこなわれてはいなかった。曳山巡行に加え何らかの芸能が演じられる構造の曳山が町組ごとに造られたのは、十七世紀後半から十八世紀前半以降である。寛保三年（一七四三）の猩々丸の教本（台本）と、明和六年（一七六九）

鳳凰山の狂言　見得を切る役者（H24.4.15 15:11）

以降の外題《げだい》（狂言の題目）記録が残っており、これらの記録から、曳山狂言でおもに歌舞伎が演じられていたことがわかる。

曳山で狂言が演じられるようになるのとともに、シャギリもおこなわれるようになった。シャギリは、笛、太鼓、すり鉦《がね》で構成されており、曳山巡行中や狂言の始まる直前などさまざまな場面で演奏され、まつりを盛り上げる要素の一つとなっている。シャギリの初出は寛政四年（一七九二）に編纂された『淡海木間攫』である。ここには「屋台の下にては鐘鼓・横笛を以って俗楽となす。土俗これを以ってしゃぎりをはやすという」とあり、曳山の巡行に際してシャギリを演奏する様子が書かれている。そして、十九世紀前半にシャギリを演奏するための場所として、曳山の上部に亭《ちん》が整っていく。

昭和十二年（一九三七）から昭和二十三年は、戦争やその後の混乱のために曳山の巡行はおこなわれなかった。しかし、昭和二十四年に豊国神社の豊公三百五十年奉賛行事で曳山狂言の執行がおこなわれたことで、翌昭和二十五年から本格的に曳山まつりが再開され、現在に至っている。

曳山まつりを支える組織

長浜曳山まつりの執行や保存は、まつりにかかわるいくつかの組織によって支えられている。近世以来の伝統的な組織と、戦後に設立した組織が密接に関係しながら長浜曳山まつりの伝承、発展を図っている。

【近世を由来とする伝統的な組織】

山組《やまぐみ》　山組は曳山の保存管理、曳山狂言の執行、そしてシャギリなどの伝承をおこなっている。長浜曳山まつりには、長刀山《なぎなたやま》と曳山狂言を担う十二の山組があり、曳山まつりが成立、発展した江戸時代の長浜五十二ヶ町に基盤を置いている。その一ヶ町ないし六ヶ町で一つの山の組合、山組を構成している。

山組は、曳山狂言にかかる行事や役割を担っている若衆と、曳山の巡行、警備、祭礼の進行などを担う中老で構成され、若衆の代表を筆頭、中老の代表を負担人という。若衆は、若連中《ワカレンチュウ》、若衆《ワカシュウ(ワカイシュウ)》、寄合《キゴウ》など、山組によって名称が異なる。各山組全体の代表は負担人が務めている。

總當番《そうとうばん》　總當番は長浜曳山まつりに関する行事および事務を統括する機関である。記録、広報、神事、賄い事、警備などの役割がある。

［戦後に設立された組織］

長浜曳山文化協会　昭和五十四年に設立された組織である。長浜曳山まつりの普及・伝承・活用を目的として、長浜市曳山博物館の運営・子ども歌舞伎教室の開催・曳山の修理などの業務をおこなっている。

三役修業塾　三役（太夫《たゆう》・三味線・振付）のなかでも、とくに太夫・三味線の育成のために平成二年に設立された組織である。

長浜曳山まつり囃子保存会　シャギリの普及・伝承をおこなう組織で、昭和四十六年に発足した。まつりの際には出番山組への囃子方の応援を調整する役割も持っている。

若衆会　平成九年一月に狂言をおこなう十二の山組の若衆で結成した。

以上のような組織だけではなく、山組同士の協力によっても曳山まつりは支えられている。囃子方を経験した山組の人から、「昔は、ほかの山組へシャギリの助っ人として行ったこともある」という話を聞くことができた。山曳きやシャギリの人手不足を補うため、複数の山組が協力し合い、人手を融通し合うようになっている。

山曳きについては、現在では町の人だけでなく近隣の大学生がボランティアとして参加している。

山組と曳山の特徴

長浜曳山まつりには、長刀山と、狂言執行を担う十二の山組がある。

長刀山を除く十二の山組は、毎年四組ずつ交代で曳山の曳行《えいこう》・狂言の執行をおこなう。その年に狂言をおこなう山組を出番山《でばんやま》、それ以外を暇番山《かばんやま》とよぶ。長刀山は狂言の執行はおこなわないが、毎年曳山の曳行と太刀渡りをおこなう。

長浜曳山まつりには十三基の曳山があるが、一つとして同じ形のものはない。山組を代表する曳山には、それぞれの山組の特徴をあらわすような造りや装飾を見ることができる。

春日山《かすがざん》・本町《ほんまち》組　西本町・東本町・横町《よこちょう》の三町で構成されている。舞台障子には、山号にちなんだ「紅葉《もみじ》に鹿の図」が描かれる。曳山後方にある見送り幕には、緋羅紗地《ひらしゃじ》に刺繡《ししゅう》の「中国人物の図」をかける。

月宮殿《げっきゅうでん》・田町《たまち》組　南新町《みなみしんまち》・上《かみ》田町・中《なか》田町・下《しも》田町の四町で構成されている。約一〇〇世帯で山組のなかでも有数の大きな山組である。曳山の最上部には月をあらわした宝玉《ほうぎょく》がある。見送り幕は十六世紀ベルギー製の飾《かざり》毛綴《けつづれ》で、重要文化財のものと市指定文化財のものがある。

青海山《せいかいざん》・北町《きたまち》組　郡上町《ぐじょうちょう》・郡上片原町《ぐじょうかたはらちょう》・中北町《なかきたまち》・東北町《ひがしきたまち》・鍛冶屋町《かじやちょう》・袋町《ふくろまち》の六町で構成されている。曳山の最上部に「飛竜」の木彫りがある。見送り幕は、中国明時代の官服を仕立てたもの、「飛燕《ひえん》に波図」「飛竜に青海波《せいがいは》」の三枚がある。

諫鼓山《かんこざん》・御堂前《みどうまえ》組　西御堂前町《ちょう》・東御堂前町・十軒町《じっけんちょう》という江戸時代からの町で構成されている。曳山の最上部に、中国の故事「諫鼓《かんこ》」にちなむ太鼓と鶏の木彫りがある。曳山の背面両側に立つ幟《のぼり》は朝鮮幟と俗称されるもので、緋羅紗地に「昇り竜」「降り竜」をあらわす。竜の目にはガラスが用いられている。

高砂山《たかさござん》・宮町《みやまち》組　宮町・片町《かたまち》・金屋町《かなやちょう》・金屋新町《かなやしんまち》（錦南）の四町で構成されている。舞台障子には、「牡丹《ぼたん》に小禽《しょうきん》の図」が描かれる。見送り幕には、前面刺繍の「八仙人《はっせんにん》の図」と綴織《つづれおり》の「唐子《からこ》遊戯の図」の二つがある。

猩々丸《しょうじょうまる》・船町《ふなまち》組　中《なか》船町・下《しも》船町・稲荷町《いなりまち》・十一町《じゅういちちょう》の四町で構成されている。船町組という名前にちなんで、御座船型の曳山である。ほかの曳山のような亭《ちん》はなく、露台の周りに幕を張っている。曳山の後方は見送り幕ではなく見送り彫刻となっており、中国三国時代の蜀《しょく》の武将、関羽《かんう》と張飛《ちょうひ》の木造彩色像が彫られている。

壽山《ことぶきざん》・大手町《おおてちょう》組　大手町と大谷市場町《おおたにいちばちょう》の二町で構成されている。見送り幕には、中国明時代の綴織のものと毛綴織の二枚がある。また、胴幕は中国蘇州製の総刺繍で、「竹林七《しち》賢人の図」があらわされる。

鳳凰山《ほうおうざん》・祝町《いわいちょう》組　東祝町・中祝町・西祝町で構成されている。江戸時代は東魚屋町・中魚屋町・西魚屋町といった。山号にあるように、曳山の最上部に「鳳凰」の木彫りがある。胴幕はペルシャ毯《たん》。見送り幕は十六世紀ベルギー製の飾毛綴で重要文化財となっている。

翁山《おきなざん》・伊部町《いべちょう》組　江戸時代からの南伊部町・北伊部町・三ツ矢《みつや》(三津屋)町《ちょう》・三ツ矢村で構成されている。通常、南伊部町と北伊部町を合わせて伊部町または南組といい、三ツ矢町・三ツ矢村は三ツ矢組または北組という。見送り幕は十六世紀ベルギー製の飾毛綴で、重要文化財のものと市指定文化財のものがある。

常盤山《ときわざん》・呉服町《ごふくちょう》組　上《かみ》呉服町・中《なか》呉服町・下《しも》呉服町・南片原町《みなみかたはらちょう》・西北町《にしきたまち》の五町で構成されている。曳山の最上部に「ろじ」の木彫りがある。曳山の背面に立つ幟には、「乾坤《けんこん》留一気」「古今仰同塵」の文字をあらわす。

孔雀山《くじゃくざん》・神戸町《ごうどまち》組　神戸町で構成されている。一町のみで構成される唯一の山組である。

平成19年（2007）４月、長濱八幡宮境内に勢揃いした曳山。前年に長濱八幡宮が別表神社に昇格したことを祝ってのもの（撮影：ナガハマスタジオ）

舞台屋根の棟上に尾羽を広げた「孔雀」がある。見送り幕には、毛綴で「萠春《ほうしゅん》の図」があらわされ、草花に三羽の孔雀を織りだしている。

萬歳楼《ばんざいろう》・瀬田町《せたまち》組　瀬田町・八幡町《はちまんまち》・横浜《よこはま》町《ちょう》・箕浦町《みのうらちょう》・大安寺町《だいあんじちょう》・紺屋町《こんやちょう》の六町で構成されている。曳山の最上部に宝珠がある。胴幕は「雅楽・楽器尽し図」の綴織で、見送り幕には飾毛綴のものと中国製刻糸織《こくしおり》の二枚がある。

長刀山《なぎなたやま》・小船町《こぶなまち》組　別名を蓬莢山《ほうらいさん》ともいう。狂言の執行をおこなうほかの十二基とは違い、舞台や楽屋がない。大きな三つの車輪の上に露台があり、太刀と幟を飾りつけている。
以上のような特徴のほかにも、柱や天井の彫りや装飾、舞台障子や亭の造りに注目してみれば、それぞれの山組ならではの造りを見ることができる。狂言が始まるまでの時間、こうして曳山の観察をおこなうことも、まつりの一つの醍醐味として楽しむことができた。

山蔵　曳山を納めておくための土蔵の蔵である。各山組に一つずつあり、防火の観点などから川の近くに建てられている。

曳山まつりの行事

曳山まつりでは、四月九日から十七日までの九日間にわたってまつりがおこなわれる。とくに十五日は本日とよばれ、数多くの行事が執行され大きな盛り上がりをみせる。以下、どのような行事があるのか、私の体験談とともに見ていきたい。

四月九日

線香番《せんこうばん》　總當番が狂言の時間を計る行事である。かつては線香を焚いて時間を計っていたことから、線香番とよばれている。現在では線香ではなく、時計を用いて時間を計っている。

また、この日から狂言の稽古場が一般公開される。山組によっては、母親でも線香番の日にならないと息子の狂言を見ることができない。母親が部屋の隅から息子の初舞台を見守っており、狂言を披露する側、見守る側、どちらの緊張も伝わる張りつめた空間だった。

四月九日から十二日

裸参り　曳山狂言奉納でよい順番に当たること、子ども役者の健康、そしてまつりの無事を祈って出番山の若衆によっておこなわれる。

基本的には、白いさらしを腹に巻き、白い足袋《たび》をはいて額に鉢巻《はちまき》を締めた格好でおこなうが、天候の悪いときなどは着物を着て羽織参りをおこなうこともある。

若衆筆頭の先導のもと、若衆が隊列をつくり、大手門通り、宮町通りを経て長濱八幡宮、豊国神社へと歩いてまわる。

まだ四月上旬で、夜の時間帯はかなり気温が低い。裸参りの途中、長濱八幡宮の井戸で水を掛け合う場面があるが、それを見ていた女性たちが「やっぱりあれは寒そうよね」と言って笑っていた。気温は低くとても寒かったが、裸参りをおこなう若衆の男たちも皆笑顔であった。

四月十三日・十五日の未明

起し太鼓　十三日と十五日の未明に町内でシャギリを演奏してまわる。早朝に御幣迎えと朝渡りがあるため、未明に若衆や祭礼関係者を起こしてまわることを目的としている。起し太鼓は、出番山・暇番山関係なくおこなわれる。

いつ起し太鼓をおこなうのかは山組によって異なっている。始まるタイミングもわからないため、夜の町を歩いて待った。いざ起し太鼓が始まれば、太鼓を乗せた小さな曳山(シャギリヤタイ)の周りだけ賑やかになる。遠くから聞こえるほかの山組のシャギリと合わせて、休みないまつりの盛り上がりを感じた。

四月十三日

御幣《ごへい》迎え　太刀渡りに用いる金幣や曳山に飾る御幣(幣帛《へいはく》)を八幡宮へ受け取りにいく行事である。これには、長刀山を含めた十三の山組が参加する。

神輿渡御《みこしとぎょ》　九時半ころから神幸祭《しんこうさい》、十時から八幡宮から御旅所《おたびしょ》へ、氏子からの担き手によって神輿の渡御をおこなう。

籤《くじ》取り式　八幡宮でおこなわれる、狂言執行の順番を決める行事である。籤としては、一番に狂言をおこなえる一番山《いちばんやま》が好まれる。しかし、十五日の御旅所での狂言執行の際、提灯を灯して狂言をおこなえるためきれいに見えることや、観客の多さから四番山を好むところもある。

四月十三日から十六日

曳山狂言　狂言は四月十三日から十六日にかけて各山組十回程度おこなう。

十三日の狂言は、十三日番や自町狂言といって、午後から各町内の屋外で一、二回おこなう。十四日も午前中に各町内の屋外で一、二回狂言をおこなう。十五日は八幡宮と、八幡宮から御旅所に移動する間に二回、そして御旅所で狂言をおこなう。八幡宮から御旅所の間には狂言をおこなう場所（席）が五ヶ所設けられ、五ヶ所の席は付近の店の名前などから鮒熊《ふなくま》例席・金屋《かなや》例席・一八屋《いっぱちや》例席・米嘉《こめか》例席・札《ふだ》の辻《つじ》例席と名づけられている。また、八幡宮で最初におこなわれる狂言を、とくに神前狂言という。十六日は午前から午後にかけて各町内で二～三回、さらに長浜文化芸術会館で一回狂言をおこなう。

最初の自町狂言では若衆から「動きが固いな。上がってるんちゃうか」という声が聞こえた。それが何度も狂言執行を繰り返すなかで「今回はだいぶよかった」という声が聞こえるようになり、本番中の子どもの成長を目の当たりにすることができた。しかしどの回においても、狂言を終えたあとの子どもや大人たちの安堵した表情には心温まるものがあった。

四月十四日

登り山　十四日の自町狂言のあと、各山組の町内から八幡宮へ曳山を曳いていく行事である。このとき長刀山だけは御旅所に向かう。

春日山の狂言　役者たちの熱演（H23.4.15 17:41）

夕渡り　十四日の十九時頃から役者が衣装を着て、八幡宮から大手門通りと博物館通りの交差点である一八屋辻まで練り歩く行事である。役者の顔見世でもある。

シャギリは自町から八幡宮の手前まで「御遣《おひや》り」「獅子《しし》」「豊公楽《ほうこうらく》」などの道中の曲を演奏し、八幡宮の敷地に入ると「神楽《かぐら》」「祇園囃子《ぎおんばやし》」などの神前入りの曲を鳴らす。そして、指定の場所に曳山がつくと「奉演間《ほえま》」「太平楽《たいへいらく》」「ナナシ」などの落ち着きの曲を鳴らす。一度にさまざまなシャギリの曲を聴くことができる行事でもある。

普段舞台上にいる役者を間近で見ることができるため、道の両脇には暇番山の人々や観光客が大勢つめかけていた。時折役者が立ち止まって見得を切れば、拍手が上がる。舞台上では役者の顔をした子どもたちも、このときは楽しそうに道を歩いていた。

四月十五日
春季例大祭　四月十五日の七時から、八幡宮でおこなわれる行事である。
朝渡り　十五日の朝に役者が各町内から八幡宮まで練り歩く行事のこと。夕渡りとは逆の順路を進み、八幡宮をめざす。
太刀渡り　朝渡りのあとに長刀山が八幡宮まで練り歩く行事である。大きな金幣《きんぺい》を先頭に、力士・子どもの鎧《よろい》武者などが続く。

夕渡り出発前の、提灯に火が灯された曳山（長濱八幡宮 H23.4.14 18:02）

長刀山は、狂言を執行する十二の山組とは異なり、狂言を執行せず毎年太刀渡りをおこなっている。

翁招き　太刀渡りのあと、八幡宮神前狂言奉納開始の合図（神前を退いたという隊列の合図でもある）をする行事である。

神輿還御《かんぎょ》　御旅所から八幡宮へ神輿を還す行事である。

戻り山　神輿還御のあと、長刀山および出番山の曳山を自町の山蔵に戻す行事である。長刀山・一番山の順に曳き出され、自町をめざす。

曳山は構造上方向転換が難しい。八幡宮に並んだ曳山を外に出すため、曳山前方にくくりつけられた綱を力いっぱい曳くことによって無理やり方向をかえる。重い曳山を動かすには山組の男たちだけでは足りないため、暇番山の男たちも手伝いとして参加していた。

異なった山組の法被が並んでいる姿は「山組同士が協力してまつりを作り上げている」ことを感じさせるものだった。

四月十七日

御幣返し　十七日に八幡宮へ御幣を返す行事である。八幡宮の幣殿にて御幣を本殿に返納し、それぞれの自町に帰ることで曳山まつりは終わりをむかえる。

以上見てきたように長浜曳山まつりにはさまざまな行事があり、九日もの間、毎日まつりを楽しむことができる。また、まつりを作り上げる人々の表情にも注目したい。まつりをとおして、緊張した顔、楽しげな顔、安堵した顔など、いくつもの表情に出会うことができる。その雰囲気は見ている私たちにも十分伝わってくるものだ。

まつりの華である狂言や曳山巡行だけでなく、さまざまな行事や細かな曳山の造り、まつりを作り上げる山組の努力に目を向けることで、まつりの楽しみ方の幅はいくらでも広げることができる。

II

フィールドワーク・長浜曳山まつり

商店街を行く曳山と学生の人行事

子ども役者と振付

滋賀県立大学人間文化学部　四回生
瀬在優実

曳山まつりにはいくつもの見どころがある。そのなかでも、小さな体全体を使って演じられる子ども狂言は、曳山まつりの重要な要素といっても過言ではないだろう。絢爛《けんらん》豪華な曳山に負けないほどに華やかで、なおかつ可愛らしい役者たちの姿には、地元の方だけでなく観光客の足をも止めさせる魅力がある。大勢の視線を感じながらも臆することなく堂々と役を演じる彼らは、間違いなくまつりの主役だろう。だが、彼らは小学校に通う普通の子どもたちだ。狂言にふれるのはもちろん、実際に自分が演じるのも初めての経験だろう。なかにはニドアガリといって、役者として再び舞台に上がる子どももいるが、彼らもまつり以外の日常で狂言にふれているわけではない。

友達と遊ぶのが好き、騒ぐのが好き、珍しいものは気になる、集中なんて続かない。そんな子どもたちを、観客の前に出しても恥ずかしくない立派な「役者」に育てあげる人物がいる。三役のひとり、振付《ふりつけ》だ。まつりのときは、同じ三役である太夫《たゆう》や三味線のように目立つことはないが、役者のすぐそばで、彼らの演技を見守っている。

ここでは地元在住の振付であるKさんの話をもとに、めったに見られない稽古の様子、役者になって得られるもの、そしてKさんにとっての子ども狂言などについて見ていこう。

Kさんは長浜で生まれ、小さな頃から借り役者も含めて四度も役者を務めている。借り役者とは自町以外の山組で役者になることだ。東京の大学では歌舞伎研究会に所属してプロの役者の指導を受け、現在は長浜曳山まつりの狂言のほか、米原や垂井《たるい》(岐阜県)の子どもも歌舞伎でも振付を務めている。

私たちが調査をした平成二十三年(二〇一一)には北町組の青海山《せいかいざん》、二十四年には祝町《いわいちょう》組の鳳凰山《ほうおうざん》で振付をしていた。

自分だけの台本をつくる

平成二十四年(二〇一二)の鳳凰山の外題《げだい》は「奥州安達原《おうしゅうあだちがはら》　袖萩祭文《そではぎさいもん》」。役者は舞台方を含めて七人。七歳から十二歳までの男の子たちだ。

鳳凰山の役者たちが初めて顔を合わせたのは、同年二月四日のことだった。初顔合わせのこの日、役者の配役が決まる。十九日に衣装合わせがあり、その翌日に台本が役者に渡される。台本は振付がパソコンで作ったもので、難しい漢字も使われているがふりがなはつけられていない。役者たちが最初にすることは、その台本にふりがなを書き加えることだ。

二月二十日、台本渡し。この日の持ち物は鉛筆と消しゴム。平淡に台本を読みながら、みんなで漢字の読みを確認していく。

「子どもはやるのが早い。自分のをやってるときにほかの人のをやったりしている」

と笑いながら言う振付。台本は全部同じもの。しかし、一人ひとりがふりがなを自分でつけることで、それはその子だけの台本になる。Kさんは一人ひとりの台本に、役者それぞれの名前を書いていた。

歌舞伎の台本は、自分の演じる役の台詞しか書かれていないというのが普通らしい。昔の台本は手書きだ。すべての役者の台詞が書かれたものを、役者全員に渡すのは大変だからだろう。役者全員の台詞が書かれた総合台本の歴史は、結構新しいのだそうだ。

「初めて役者をやったときに、若衆の役者方の人が、先生の台本から自分の台詞だけ抜い

鳳凰山（祝町組）

『奥州《おうしゅう》安《あ》達原《だちがはら》　袖萩祭文《そではぎさいもん》』

あらすじ

皇子環宮《たまきのみや》の養育掛、平謙仗直方は、妻浜夕との間に二人の娘、袖萩と敷妙《しきたえ》をもっていた。
十年前、袖萩十六歳の時、黒沢《くろさわ》左《さ》仲《ちゅう》という浪人と袖萩が密通、妊娠して駆落した。その後敷妙は、八幡太郎義家の妻となる。平家の娘が源氏の大将の妻になったのである。

幼少の主人、環宮は何者かに誘拐され、留守を守る謙仗と浜夕、しかし今日は環宮行方不明の責任をとって謙仗が切腹しなければならないその当日。すでに義家夫婦も奥に来ているし、勅使として、桂中納言教氏《のりうじ》が暗に切腹をすすめる使者として御殿へ来た。そこへ父の大変をきいて袖萩が十年ぶりにあらわれる。

変り果てた袖萩は三味線をかかえ、一人娘で十一歳になるお君に手をひかれた盲目の乞食女、呆然たる謙仗夫婦。袖萩は庭の木戸の外で、父と母に不幸を詫びる祭文を語る。謙仗夫婦が去ったあと鶴殺しの宗任が来て、袖萩に安倍一族の敵、謙仗を殺すよう勧める。黒沢左仲こそ安倍貞任であり、桂中納言に化けているのであった。思いあまった袖萩は自害、謙仗は切腹。謙仗の切腹をみてあらわれた桂中納言を八幡太郎義家が安倍貞任と見あらわし、戦場での再会を約して別れる。ここに登場する人間が全て一つの家族である。

（パンフレット「長浜曳山まつり子ども歌舞伎各山組外題」より）

稽古の休憩時間に子どもたちとお茶を飲み談笑をするKさん

て書いてくれた。それは今でも宝物です」

昔を懐かしみながら、Kさんが語ってくれた。

曳山まつりの子ども狂言は、プロの歌舞伎とは異なる。子どもがやるから当然といえば当然だが、大きな違いの一つは時間が四十分に限られていることだろう。四月九日にある線香番は、線香一本分の長さ、つまり四十分内に狂言が終わるかを確認するものだ。

「まつりのために、若衆が本物の歌舞伎をテレビとかで見ることはあるけど、それは参考程度。全然違う。子ども歌舞伎、奉納狂言、ヤマの芸だからね。四畳半の小さい舞台で子どもたちが与えられた配役を、ほんとは何十人と出てくるのを、五人とか六人とかにしぼる。エッセンスをぐっと固めて濃縮している。寸法も声の出し方も、間合いも違うのがヤマの芸です。」

もともと何時間もかかる歌舞伎を、四十分という短い時間で演じる。その台本を作るのは、振付の腕の見せ所だ。歌舞伎通の方なら、本歌舞伎との違いを楽しむことができるのではないだろうか。

稽古開始

平成二十四年の鳳凰山の外題である「奥州安達原　袖萩祭文」には、盲目となって三味線を弾く袖萩《そではぎ》という名の女性が登場する。彼女は駆け落ちしたあとに目が不自由になり、祭文《さいもん》（ときどきの事件や風俗を綴った文を三味線の伴奏で歌った江戸時代の芸能の一つ）を語りながら生活していた。袖萩が祭文に託して、両親に自分の不孝を詫びる場面が、「袖萩祭文」の見せ場である。ここでは袖萩が実際に三味線を弾くため、袖萩役の子は一月には決められ、週一回くらいの頻度で三味線の練習をしていた。三味線の師匠は、三役修業塾で三味線や義太夫《ぎだゆう》を稽古していた女性の方々だ。

二月十一日には稽古場内に仮舞台が設置されるが、初めの二週間は台詞の稽古が中心になる。Kさんも若衆も仕事をしているので、稽古は十九時～二十一時の二時間だ。これはほかの山組に比べたら短いが、その分稽古期間が長くなる。

稽古の様子はビデオにもテープレコーダーにも残さない。それがKさんのやり方だ。三味線も録音は使わず、すべて口三味線。その方が間合いをしっかり取ることができるのだそうだ。

台詞稽古は座らせたまま、現場でおこなう。家ではするなというのがKさん流。家でするなら布団をかぶって一人で。そうすると自分の声がよくわかるらしい。

「声はどうしても前やうしろや横に飛んでいってしまうんです。演劇の場合自分の声しか聞こえない。舞台の上に飛んでいったり、お客さんの方へ行くから。孤独なんですわ」

とKさんは語る。だからこその布団なのだ。また、家で練習すると親が口を出すかもしれない。現場主義、その場その場で、生身の人間が教えることにこだわるのにはわけがある。振付にはそれぞれの癖がある。そういうものは口伝えでないと伝わらないのだ。

相手は六歳から十二歳の子どもたち。ときには幼稚園児のこともある。

「赤色にしようと思ったら赤色になるし、青色にしようと思ったら青色になる。みんな真っ白な状態で来ますから。その人の持ち味、個性も出してあげないといけない。」

全部が振付のまねではいけないとKさんは続ける。それぞれ持っている音感、リズム感が違うし、発音の仕方も違う。そういうところを見極めて、その子がその子らしく演じられるように注意するのも、振付の仕事なのだ。

平謙仗直方《たいらのけんじょうなおかた》の妻浜夕《はまゆう》は、娘の袖萩が自害し、夫が切腹してしまうために狂言の最後で泣く。

「浜夕なんかは最後泣いてたでしょ？　あんた、とにかくみんなを泣かして、って最初に言ったんです。そういう子やとわかったので。」

振付の的確な指導が、子どもの演じ方に深みをもたらすのだ。

歌舞伎の場合、女は女らしく、老《ふ》け役は老け役らしく、男は男らしく見せなければならない。袖萩と安倍貞任《あべのさだとう》は、同じ役者が演じる。一人二役だ。しかも男と女を演じなければならない。

「女の人は胸から肩、首筋、うなじでしゃべる。男は目、目力で。所作《しょさ》も男の場合は扇子を持ったり刀を持ったりキセルを持ったりいろいろできるけど、女の人は目とか胸で表現する。声は男の子のものでも、そういうところでしゃべるようにすれば、色気が出てくるんです。」

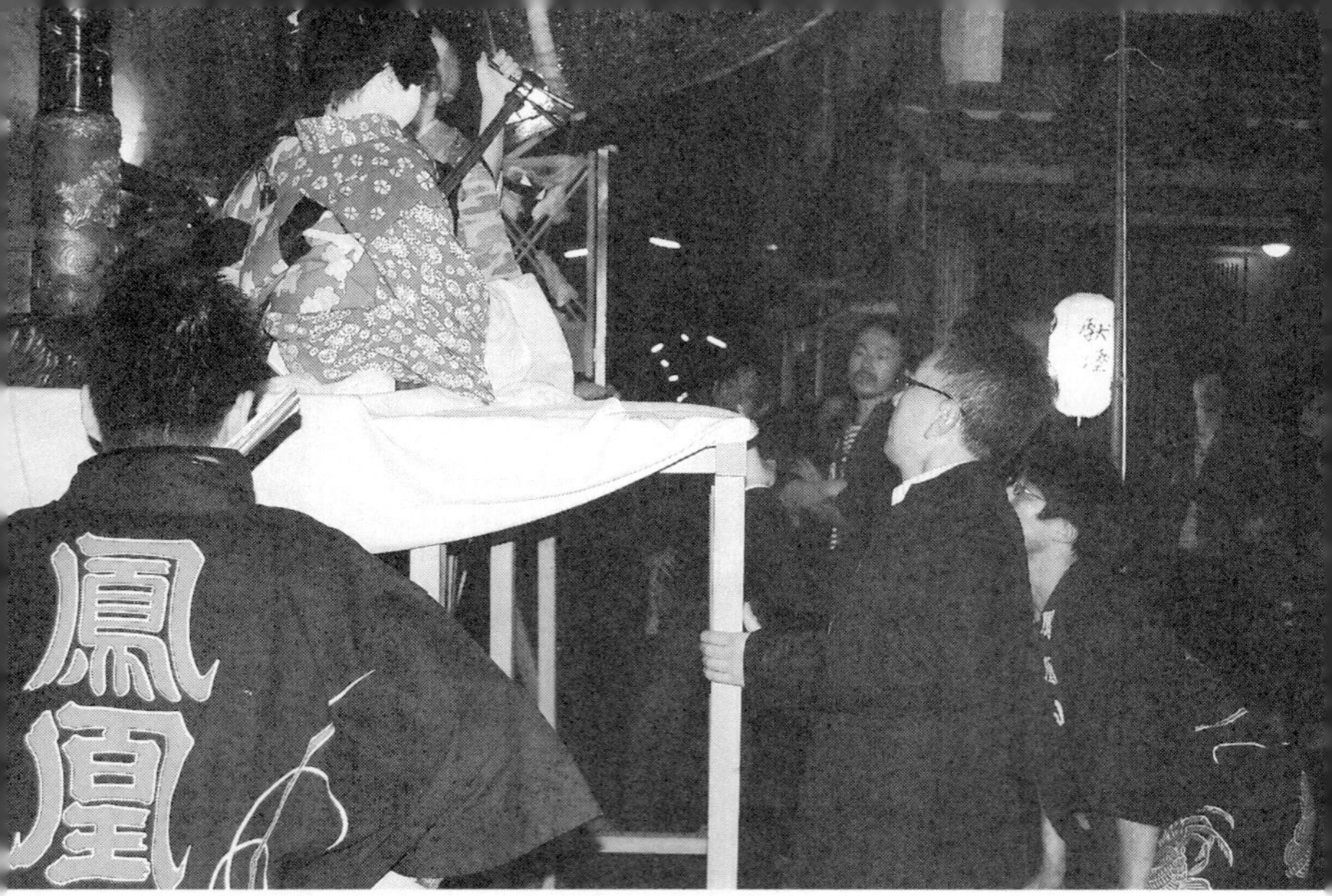

自町狂言で仮設の花道を支えるＫさん（H24.4.13　21:17）

実際に、男の子とは思えないくらいに色っぽい役者もいる。その秘訣は、より女らしくするためのしぐさを心得ることだろう。また、役になりきるためにはその役の性格なども知っていなければならない。

「八幡《はちまん》太《た》郎《ろう》義家《よしいえ》はかっこいいヒーローなんや。」

子どもにもわかるような言い方で役のことを丁寧に説明するKさん。役者たちは、振付の言うことをしっかり理解して表現している。子どもだからと侮ってはいけない。

最初に書いたように、Kさんは子どもの頃に役者として曳山に上がっている。

「小さい頃からヤマの芸に出ていると、どうしても遊びと言ったら曳山ごっこになる」

と楽しそうに語ってくれた。籐《とう》でできた乳母車《うばぐるま》の籐の部分をはずして、風呂敷をつって、はたきを二本立てれば、幟《のぼり》のついた簡易曳山のできあがりだ。割りばしに紙をつけたものを御幣《ごへい》に見立てたら舞台になる。

「自分が乗って友達に曳いてもらって、登り山や、千秋楽や、今日は十六日や、と言って庭で遊んでいました。」

Kさんの親の世代が若い頃には、芸能が少なかった。そのため芝居ごとはめったにない娯楽だったようだ。素人芝居も昔はたくさんあったらしい。空いている時間はテレビやパソコンに向かっている今の私たちでは容易に想像できないことだ。

Kさんの稽古は期間が長い。途中でだれてしまうことはないのだろうか。

「春休みの三月二十五日くらいからだんだん盛り上がっていきますよ。集中型なんです。三月末は時間的にも厳しいですすし。」

一行しか稽古ができなかった日もあったらしい。役者が泣いてしまうと先には進めない。

「ほかの人の台詞はよく覚えているんですけどね。でも実際にやってみろと言うとできない。そういうもんです。」

台詞を間違えると、何度でも最初からやり直しをさせる。

「次のことを考えてやらない。曲に合わせて演技をする。曲には無駄がないんやから。」

Kさんの稽古は口三味線。生身の人間に合わせるからこそわかるものもあるのだろう。

稽古も終盤のある日。私たちが調査をしていたためかミスを繰り返す役者がいた
「楽しようとしたらあかん。これが稽古や。長浜まつりの稽古や。八幡さんに奉納するんや。気を入れないかん。」

ときには厳しいことも言いながら、妥協せずに役者と接するKさん。その熱い思いは確実に役者に伝わっているだろう。

役者のなかには、狂言の最初から最後までを一通りやらないと寝ない子もいたとのことだ。

「身にしみついているんですね。」

そう語るKさんはとても嬉しそうに笑っていた。

子ども狂言で得られるもの

狂言の稽古で身につくのは歌舞伎の所作だけではない。

「礼に始まり、礼に終わる。」

そのような礼儀作法も、稽古のなかで身につけていく。扇子を置くことも、下駄をそろえることも。扉を開けるときは座ることも学んでいく。

それだけではない。

「子どもは、自分たちが上達していることがわからないみたいですね」

とKさんは言う。いわく、子どもは今のことで精いっぱいで、一日稽古をしたときには朝言ったことが飛んでいたりするらしい。子どもは目の前のことしか考えない。しかし、おもしろいことに自分たちで切り開いていく。要領よく、楽ができるように。

「七歳から九歳、小学校三年生くらいの子どもは一番のポイントですね。一、二年生は共同生活が始まったばかり。四年生から六年生は上を見る。三年生は上も見えるし下も見えるんです。」

だから、三年生くらいで役者をやると、台詞を忘れないし山組の組織のことが何となくでもわかるとのことだ。

役者が家に帰ると、家族が今日はどうだったかと聞いてくる。子どもはそれに答えるから、会話が生まれる。

鳳凰山の狂言（長濱八幡宮 H24.4.15　15:18）

「人間形成、ですね。自分が成長してからも、節目節目をしっかりやることが身についているんですよ。集中する。傾注する。まさに傾《かぶ》くことを学ぶんです。」

稽古を通じて、面倒見がよくなる子も多いらしい。何より子どもがしっかりするそうだ。稽古場に宿題や遊び道具を持ってくることもある。ただしゲームは禁止だ。

「子ども役者のときの付き合いは、そのあとも続きます。よそから借りてくる借り役者も若衆になります。」

曳山まつりという大舞台で一緒に狂言を演じた役者たちの絆は、とても強いようだ。「おじさん」と自分のことをよばせるKさんは、役者たちを結びつけている。

「子どもたちに教えているんだけど、どうしても役者の家族の顔が見えてしまうんです。」

少し困ったように笑いながら、Kさんは言っていた。それだけ近い関係性のなかで、役者と振付は暮らしている。

本番までの約二ヶ月の間、役者と振付は、同じ視線で同じ目標に向かって一緒に稽古に励んでいく。一番近いところでずっと一緒にいた振付が見守ってくれるから、本番の舞台上でも、役者たちは堂々とした演技を私たちに見せることができるのだろう。

「ずっと一緒に稽古をしてきた振付に、自分たちの最高の演技を見てもらいたい。」

子どもたちのそのような思いが堂々とした演技につながり、狂言にさらなる魅力を加えているのではないだろうか。

いつかまたKさんのように、曳山まつりで歌舞伎の魅力に取りつかれ、振付にまでなってしまうような子どもがあらわれる日も、遠くないかもしれない。

コラム

太刀渡り

源義家の故事にちなむ

市川秀之

本日《ほんび》の神前狂言がおこなわれる四月十五日、長濱八幡宮の広い境内はたくさんの観客であふれかえる。調査をする私たちも観察する場所を確保するのに必死である。狂言に先立って、立錐の余地もない境内に長刀山《なぎなたやま》（小船町《こぶなまち》組）による太刀《たち》渡りの一行が入ってくる。本日の行事はこの太刀渡りで始まるのである。

長刀山は長浜駅近くの町々によって組織されている。現在では面影もないが、かつては長浜城の堀に面した一帯であり、さらに以前には浜湖岸にそった地域であった。長刀山はどのような行事でも必ず一番に到着することになっている。この太刀渡りの行事は源　義家《みなもとのよしいえ》が八尺（約二メートル四二センチ）あまりの神木を太刀にして凱旋《がいせん》したという故事によるという。長濱八幡宮は義家の発議によってこの地に建てられたという伝承がある。

太刀は長さ二メートルほどもある木刀で、なぜか鎧姿の男の子ども八人がこれを身につけることとなっている。小さな子どもが背丈を超える太刀を腰に差して歩く姿はどこかユーモラスである。これを先導する力士の姿も目を引く。力士は紋付に角帯をしめ、前には化粧まわしを

尻まくり姿の長刀山の力士
（長濱八幡宮前　H24.4.15 9:13）

たらし、着物の裾をからげてふんどしが見えるようにした尻まくりの姿で行進をする。力士は長刀山の若衆が担当するが、お聞きすると、この姿にはやはり抵抗があるようである。

長刀山の一行は、本殿に参拝をすると翁《おきな》招きの行事をおこなって御旅所へと向かう。翁招きとは長刀山の長老が、席札を三度ふり、その先端をその年の一番山に向ける行事で、それと同時に一番山ではシャギリが奏され神前狂言は幕をあけるのである。

平成二十四年（二〇一二）の鳳凰山《ほうおうざん》の外題《げだい》は「奥州《おうしゅう》安達原《あだちがはら》　袖萩祭文《そではぎさいもん》」であった。振付の方は、この年にこの外題を選んだ理由として、震災からの復興をめざす東北を舞台とした芝居であること、長浜にゆかりのある義家が登場することの二つを挙げられた。今も太刀渡りの故事が、長浜の人のなかに生きていることがよくわかる。

約2メートルの太刀を佩く武者姿の子ども（H23.4.15 9:17）

ボランティアが見た稽古場

滋賀県立大学人間文化学部　三回生　**本禄賢志**

平成二十四年（二〇一二）、私は学生ボランティアという立場で壽山《ことぶきざん》の稽古に参加させていただいた。そこではおもに狂言の稽古場で山組の仕事をしていたこともあって、若衆や役者と接する機会が多かった。そのため本稿ではおもに稽古の現場や稽古に励む役者、山組で活動する若衆について述べていく。

それまで壽山とまったく接点がなく、いわゆるよそ者である私にはあまり仕事を任せてもらえないと予想していた。しかし予想に反して稽古が始まると次々に仕事を任された。簡単な仕事ではなかったが、仕事をこなすうちに少しずつ壽山の若衆や役者たちと打ちとけていることが実感できた。また任される仕事は雑務から稽古にかかわるものまでさまざまであったが、そのすべては若衆がこなす仕事である。そのため調査をする一方で若衆の仕事を体験できた。

壽山の稽古

壽山の稽古は大手町《おおてちょう》にある安浄寺《あんじょうじ》の本堂を借りておこなっており、基本的に若衆のみが稽古場に入ることを許される。稽古は仮舞台を組んでおこなっていた。仮舞台はほとんどが実際の曳山と同じである。しかし実際の舞台には前方に二本の柱があるが、仮舞台にはこれがないため本番を想定して柱にかぶることがないように注意していた。

稽古時間は平日休日問わず基本的に九時～十二時、十三時三十分～十七時、十九時～二十一時の約八時間三十分であり、各稽古の合間は食事をかねている。稽古場からいったん帰宅して食事をすませてからまた稽古場に通う。ただ役者が通う小学校の行事によって稽古時間の一部が休みになることもある。朝稽古と昼稽古の合間は送迎ができる若衆が少ないこともあって、稽古場から自宅が遠い役者は弁当を持参してくることが多かった。稽古場から自宅までが近い役者は帰宅して食事をすませることもあった。その際、学生が役者の家まで送った。役者たちが疲れを見せるので、夜の稽古は昼間の稽古と比べて短く二時間程度であった。おもに昼間の指導内容の確認や場面のとおしがおこなわれることが多い。まつり期間までは基本的に毎日稽古があり、連日の長時間の練習は役者にとって過酷と思われるが、役者たちはめげずに稽古に取り組んでいた。

若衆は稽古中、おもに音源の再生や役者への声掛けなどをして稽古の補助をする。若衆はそれぞれの仕事の関係上、つねに全員が稽古場に来ることはなかった。しかしたいてい二人から三人は稽古場に詰めていた。各自台本を持っており、逐一振付の指導内容を書き込む。とくに難しい振付や台詞については、役者が振付の指導を受けている傍で若衆も一緒に練習をして覚え、役者の相手役になって台詞の練習をする様子を何度か目にした。また狂言の練習に限らず、それ以外の時間でも役者と一緒に遊んだり、一人でいる子に声を掛けたりしていた。稽古場には一日の稽古の内容を記録する稽古場日誌がある。日誌には稽古内容以外にも稽古場での役者の様子が書き込まれており、演技をする上での役者の長所や短所を若衆で共有する仕組みとなっていた。備考には各若衆が役者の送迎や衣装などについて自由に書き込めるようになっており、一種の掲示板のように使われていた。

稽古場では稽古の指導だけでなく挨拶や礼儀も教える。稽古場に入るとき、出るときには正座をして本尊に向かって拝んでから、「おはようございます」「ありがとうございました」などの挨拶をするようにうながしていた。そのおかげか最初は挨拶ができなかった役者も少しずつ自発的に挨拶ができるようになり、私と若衆で「挨拶するようになりました

紙吹雪を作る若衆（安浄寺　H24.4.1 13:38）

ね」などと話していた。壽山の稽古場には、今ではあまり見られなくなった、大人が知らない子どもに注意したり教えたりする社会があった。

一日の稽古が終了すると役者を家まで送り届けたあと、若衆が集まって会議をおこなう。会議では一日の稽古内容や送迎担当の確認のほか、諸連絡などがある。会議は大体一時間から二時間程度かかる。曳山まつりが間近になると会議の内容も曳山まつり当日に関係することが多くなり、若衆が緊張した面持ちで綿密に話し合う様子が見られた。

学生ボランティアの仕事

学生ボランティアはおもに稽古の下準備や稽古の補助、役者の面倒を見ることを任された。

下準備には振付へのお茶出しや稽古場の整理、洗い物、ストーブの給油などがある。本格的に立ち稽古が始まったのは三月下旬だった。この時期の長浜市は雪が降ることもしばしばあり気温も低い。稽古場が広いこともあってストーブを数台使用していた。

途中から稽古中の舞台後見《こうけん》という裏方の仕事を任されるようになった。後見は舞台裏に入り狂言執行中の役者の入りはけ（舞台への出入り）や大道具の出し入れなどをおこなう役職である。稽古中後見は台本を持ちながら舞台裏を動き、演技の修正があれば台本に書き込んでいく。もちろん後見以外の若衆も各自の台本に変更点を書き込む。役者の登場のタイミングを把握しておかなければならず、間違えると稽古に支障をきたすこともあるため緊張感のともなう役職である。登場のタイミングは役者の台詞や三味線、和太鼓の音を頼りにしているので、台詞とともに音楽も覚えておく必要があり難しい。

壽山では三名の舞台後見が決まっていたが、仕事などで後見が毎日稽古場に来ることができないこともある。そのため稽古場にいる若衆が後見を務めていた。後見が三人に対して役者が七人のため、役者全員に目が行き届かないこともある。役者の入りはけに気を取られていると、待機している役者たちが舞台裏で遊び始めることもあった。そのときは「稽古中やし、ちゃんとしいや」などと注意していたが、私の注意はなかなか聞いてもらえなかった。

ロックマン

調査を始めた頃は役者たちが私に距離を置いて接していると感じていたが、何度か稽古場に通っているうちに打ちとけて、ひょんなことから「ロックマン」というあだ名をつけられるまでになった。稽古時は稽古の補助をして休憩時間になると一緒に遊ぶことが多かった。稽古期間の初めの方は休憩時間にゲーム類で遊ぶことが禁止されていた。そのため役者たちはボールや紙飛行機で遊んでいたが、途中からゲームが解禁されると休憩時間はたいていゲームをして遊んでいた。怪我をする心配がないという点でゲームはよかったのかもしれないが、大人しくゲームで遊んでいるのかと思えば突然喧嘩が始まることもあった。しかし稽古が始まり舞台に立つと、稽古に集中していた。

休憩時間であっても役者が怪我をしないように注意する必要がある。紙飛行機一つで遊ぶときも先端を折り曲げて遊ばせていたほどなので課せられた責任は大きいと感じた。

稽古場に通ううちに役者たちと仲良くなれたのは素直に嬉しかったが、慣れ合いの関係にならないようには気をつけていた。そのため役者が何か悪いことをすれば叱ることも必

役者の稽古をサポートする若衆（安浄寺　H24.4.1 14:48）

要だと感じていたが、よそ者が叱ることが若衆にとって迷惑ではないかと叱るべきかどうか迷う時期があった。しかし壽山の若衆も叱るときは叱るという方針で稽古を進めていたこともあって、私も叱るときは叱るようにした。

今回長浜曳山まつりの現場に入るなかで、狂言の稽古に励む役者とそれを支える山組の若衆のつながりや、曳山まつりを成功させるためにさまざまな場所で奔走する若衆の姿を見た。若衆は皆、まつりの成功を第一に願って活動していた。また若衆のサポートにより質の高い稽古にすることで、役者たちが最高の状態で本番の舞台に立つことができるように努めていた。このような姿勢は文献では記述されていない。稽古場にいたからこそ知りえた事実だ。また稽古場に顔を出せる若衆が少ないなど、人手の面で稽古に支障をきたす場面にも遭遇した。その光景を目の当たりにして、仕事の合間をぬって稽古場に顔を出す大変さを強く感じた。

以上が私が見た稽古場の姿である。曳山まつりを見にいくだけではわからない山組の活動を少しでも知っていただけたら幸いである。

シャギリ体験記

滋賀県立大学人間文化学部　四回生
山崎晃代

長浜曳山まつりの狂言と並び重要な芸能であるのが囃子《はやし》である。長浜では囃子をシャギリとよぶ。シャギリは観客の耳を楽しませ、まつりの雰囲気を盛り上げる。山組ごとの法《はっ》被《ぴ》を羽織り、曳山の亭《ちん》や後方で一生懸命に笛を吹く子どもたちの姿がまつりの期間中随所で見られる。子どもたちは一年をとおしてシャギリの練習をし、本番に臨む。長浜曳山まつりにおいてシャギリはどのように継承され、本日を迎えているのだろうか。私が体験したシャギリの練習風景と習得過程、出演までを書くことで、読者の方にシャギリを少しでも身近に感じていただければ幸いである。

「シャギリがなければ曳山は動かない、シャギリは曳山の声である。」

とあるまつり関係者は語る。

長浜曳山まつりの曳山巡行中や狂言執行の前後、裸参り、起し太鼓などで演奏される芸能がシャギリである。基本的には曳山に付随する芸能だが、裸参りの迎えシャギリや起し太鼓、夕渡りのパレードなど、まつりの始まりから終わりまで随所で演奏される。シャギリは長浜曳山まつりだけでなく、県人会など郷土芸能を披露する場でも演奏され、長浜市を代表する芸能の一つと位置づけられている。

楽器の構成は笛が数本から数十本。大太鼓、締め太鼓、すり鉦《がね》は各一つずつ。二つの太鼓は一人で演奏する。

初めてのシャギリ練習訪問

平成二十三年（二〇一一）一月三十日、壽山《ことぶきざん》での練習に参加した。壽山はこの年出番山《でばんやま》ではないが、一年をとおし毎週日曜日十九時三十分から一時間ほど練習をおこなっている。十九時三十分、囃子方の若衆が太鼓の準備を始める。囃子方とは若衆の役割の一つで、練習指導や、まつり当日子どもたちに演奏のタイミングやシャギリの指示をあたえる役割だ。

囃子方が締め太鼓についている紐《ひも》を締め直し始める。そのうちに、練習に参加する子どもたちが入室してきた。皆、若衆に元気よく挨拶し、友達が来れば「〇〇ちゃんだー！」

壽山のシャギリ練習風景。若衆が太鼓を演奏し、子どもやほかの若衆が笛を演奏する。一番奥の女の子がすり鉦を演奏する。（曳山博物館ワークルーム　H23.1.30 20:14）

とはしゃぐ。子ども同士は違う小学校に通う者もいるが、皆仲がよいようだ。今回の練習参加者は、小学生が五人、若衆は四人。練習の見学に来た未就学児が一人。筆頭には「練習の雰囲気を感じてほしい」という考えがあり、練習に参加しない未就学児にも来てもらっている、ということであった。この日は私たち調査者が四人と多かったためか、筆頭から「お前たち、おとなしいなあ」と言われ、よそよそしく照れ笑いする子どもたちであった。

ほどなくして、「そろそろ練習しようか」と囃子方が子どもたちに呼びかけ、囃子方以外全員が笛を取り出し練習が始まる。囃子方は締め太鼓に対面し、右手に大太鼓を配置する。バチは両手に持っている。

「まずは御遣《おひや》り二回、切笛《きりぶえ》はSさん」と囃子方が指示を出す。「御遣り」とはまつり中、最もよく吹かれる代表的な曲であり、多くの山組で初めに覚えるべき曲という認識がある。また、切笛とは曲の初めに独奏で吹く短いフレーズのことである。

曲を覚えている子どもは、楽譜を使わず吹き、まだの子は楽譜を見ながら吹いていた。曲を覚えていない子は指導に来た女性と一緒に楽譜を指さしながら「ミーソーソミ……」と音階を演奏にのせて歌っていた。このとき使われていた楽譜は、音階をカタカナで羅列したものだ。カタカナのみで書かれた楽譜は曲のテンポや音をどの程度伸ばすかがわからないため、このように音階を音にのせて歌わせるのだ。

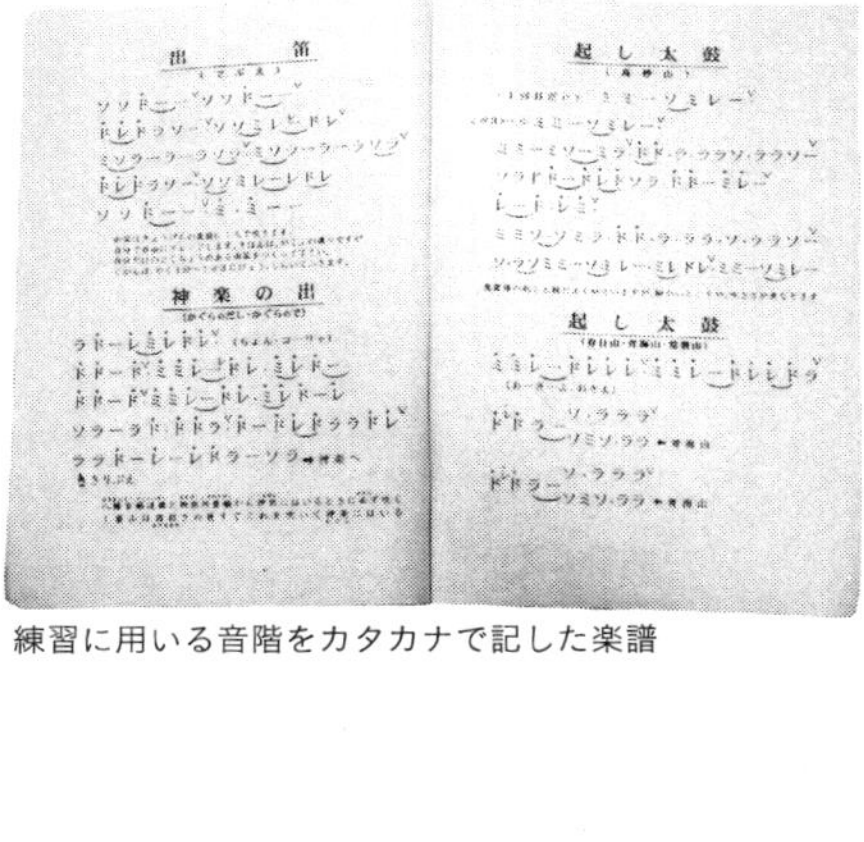

練習に用いる音階をカタカナで記した楽譜

次に練習するのは「神楽《かぐら》」。この曲から若衆の一人はすり鉦を担当する。すり鉦は金属製の皿形をした楽器で、片手に持ち、同じく金属製のバチで叩く。すり鉦を担当していた若衆は「すり鉦の楽譜はないけど、笛ができればすり鉦も何となくできる」と言っていたが、未だに私はすり鉦を打つタイミングがわからない。

「次は奉演間《ほえま》、三段まで。」

と囃子方が指示した瞬間、子どもたちから
「ええー、奉演間!?」

とブーイングが上がる。子どもたちによれば、「奉演間」という曲は難しく覚えにくいそうだ。囃子を習い始めたばかりの若衆も「奉演間はわからん」と言って楽譜を開き始めた。奉演間はテンポの遅い曲で狂言が始まる前に演奏される。

「奉演間はまつり当日も吹く場面の少ない曲だから、練習でも毎回吹かない。子どもたちは息が続かないから、テンポの遅い奉演間は途中で苦しくなって吹きにくいって言う」という話を聞いた。後日私も笛を練習する機会があり、奉演間も吹いてみたが、確かに息が続かず苦しかった。

　休憩中に笛を吹いていた女の子に囃子方が「太鼓やってみるか?」と声を掛けた。女の子でも太鼓を叩くことがあるのか、と聞くと、「学校で神楽を習っているから、女の子に太鼓を教えることもあるんです」と言っていた。まつり本番では太鼓を叩くことができないが、それなのに太鼓を覚えようという姿勢があるのはシャギリを本当に楽しんでいるからだろうと思った。女の子は楽譜を見ながらではあったが、ほぼ完璧に演奏できているように聞こえた。

後半も引き続き練習を続け、二十時三十分頃練習を終了した。子どもたちは練習を終えると囃子方からお菓子をもらうことができる。子どもたちが練習に飽きない配慮だという。

笛は意外と難しい！

二月十九日。この日は常磐山《ときわざん》の練習を見学した。

この日、私は初めて生演奏の「出笛《でぶえ》」を聞いた。出笛は狂言開始を告げる独奏曲だ。練習の最後、それまで太鼓を叩いていた子どもに囃子方が出笛を演奏するよう指示する。指名された子どもは「最近、太鼓ばっかだったから吹けんかも」と自信なさげだったが、囃子方にうながされ演奏を始める。子どもたちは彼が吹き始めると皆静かに聞きいり、演奏が終わると拍手をする。囃子方も「ちゃんと吹けてたやん」と褒める。

出笛には太鼓もすり鉦もなく、笛一本だけで演奏される。曲の速さや吹き方なども自由にアレンジしてよいとされている。また、吹かれるのは狂言開始直前ということで、本番に吹くときは水を打ったような静けさのなか、観客も耳を澄ませている。そのため、出笛はとくにシャギリが上手な子が指名される。もちろん、そんな状況で笛を吹くプレッシャーは計り知れない。指導者は「最終的にみんなこれを一人で吹けるようになってもらいます」と子どもを激励していた。

この日の練習後、山組の笛を借りて少し吹かせてもらう機会を持った。笛は七つ穴の横笛で、現在は囃子保存会から支給されており、穴の大きさや位置などはほぼ同じものが使われている。

「ちょっと吹いてみてください」囃子方にうながされ、リコーダーを吹くときのように気軽に息を吹き入れてみる。

「スカーッ」という空気音が漏れたが、もちろんこれは笛の音色ではない。

「唇をあてる角度をかえてみて」

と言われ、吹き口の角度をかえてみるのだがなかなか音が出ない。小学生はらくらくと演奏しているように見えたのに、音すら出ないというのは意外にシャギリとは難しいものだな、と軽くショックをうけた。

「息を下に鋭く吹きつける感じで」

その後も指導され、ようやくかすかに音が出るようになる。しかし先ほど聞いた小学生の出笛の音色には遠く及ばない。それでも囃子方に「初めから音の出る人は少ない。筋がいい」と言われ、来週には笛を購入してくださることになった。笛は一本四〇〇〇円。囃子保存会を経由して購入するということだった。

二月二十六日。再び常磐山の練習に参加した。この日笛をいただき、子どもたちとともに練習を始める。一週間ぶりに吹いてみるとまた音を出すことができなくなっていた。前半の練習中、まだ満足に吹くことのできない子どもたちと楽譜を追い、音階を歌いながらメロディーを確認する。しかしメロディーを覚えきっていないため、楽譜を追うのも覚束なかった。

休憩中、囃子方や若衆に指導していただく。初めは誰でも口の形から指導される。吹き口に下唇はあてるだけ、上唇を少しかぶせるようにする。しばらく吹いていると音が出るようになったので、指使いの練習に移る。笛の難関は低い「ミ」と高い「ド」「レ」の音である。すべての穴を塞ぐ低い「ミ」の音はしっかり塞がなくては正しい音が出ず、「ド」と「レ」は息の吹き込み方をかえることで高い音と低い音を吹き分けるためだ。初めに覚えるべき御遣りの出だしのフレーズにもこれらの音が出てくるため、なかなか次に進むことができない。また、思った以上に息が続かず、滑らかな演奏ができない。少量の息で音が出せるようになるにも練習が必要である、とのことだった。練習に来た若衆のなかには笛を始めて一年に満たない人もおり、

「週一回の練習ではなかなか上達しません。最近やっと一通り吹けるようになったけど、子どもたちは上達が早くて驚かされる」

と言っていた。練習の間が空いてしまうとすぐに吹き方を忘れてしまうようだ。

次の練習までの一週間、私は自宅練習を試みる。口の形を覚えてしまえば、音が出るようになるまでは時間はかからなかった。また、指使いについても楽譜に図示されているのですぐに覚えることができた。しかし、楽譜がカタカナで書いてあるため、一音をどの程度伸ばすのか、息継ぎのタイミングがわからず、音楽にならない。五線譜の楽譜では意識しないようなところでつまずく。それならば、とCDに合わせて吹いてみようとするが、当時の私には曲が速すぎて指の動きがついていかなかった。

その後、数回常磐山と壽山の練習に参加し、両山組の起し太鼓と御遣りはある程度吹き

こなせるようになった。「上達するには参加するのが一番だ」という壽山の若衆の言葉から、平成二十三年四月二日の曳山交替式での壽山の囃子に出演させていただくことが決まる。笛を練習し始めてから約一ヶ月後でのできごとである。

交替式での出演

四月二日十三時三十分、安浄寺前。壽山のシャギリをする子どもたちが十人程度集まってくる。子どもたちと私は若衆から壽山の法被を手渡され、それを着用する。参加者が集まったところで、壽山の山蔵前の曳山まで移動する。この日は観光客やほかの山組の関係者で道が混雑している。シャギリの子どもたちは曳山のすぐ近くに集まり待機する。山曳きに来た壽山や常磐山の若衆や中老、シャギリの子どもたちも付近で雑談をしつつ待機している。壽山と常磐山の子どもたちは顔見知りも多いようで、追いかけっこをする子もいた。曳山巡行中は太鼓、すり鉦、笛の一部は曳山二階部分にある、子ども五人程度が座るほどのスペースしかない「亭」のなかで演奏される。今日壽山の亭に上がるのは常磐山の男子で、笛の上手な子が選ばれたと若衆が教えてくれた。ほかの山組の子どもを亭に上がらせることもあるのかと驚く。それだけ両山組の交友がある証拠だろう。

十四時頃、壽山山蔵前の辻を猩々丸《しょうじょうまる》の曳山が近づいてくる。副筆頭は亭の上の太鼓に大声で「御遣り、やるぞ！」と指示を出し、御遣りが演奏される。亭の上からの太鼓の音は曳山の側にいても聞き取りづらく、普段室内での練習では大きく聞こえる笛の音も、屋外では猩々丸の曳山を曳く「ヨイサ」の掛け声や猩々丸のシャギリの音にかき消されてしまう。猩々丸が通り過ぎ、一旦演奏を終える。

曳山を動かす、という伝言が山曳きの方から伝わってくる。副筆頭は「そろそろ動くぞ」とシャギリの子どもたちに伝える。副筆頭が切笛をし、御遣りが始まると同時に曳山が動きだす。私を含め、シャギリの子どもたちは曳山のうしろについて歩きながら笛を吹く。これまで座って笛を練習してきた私にとって、初めて歩きながら笛を吹く体験だった。座って吹くときとは違い、指が滑ってうまく穴をおさえられない。太鼓の音が聞き取りづらく、何度もどこを吹いているかわからなくなる。太鼓の音や演奏に集中しようとすると歩くのが遅くなり、列からはぐれそうになる。また、十回近く休憩をはさまず繰り返し吹くため、酸欠で立ちくらみまでしてくる。

「歩きながら吹くのはしんどい」

と聞いていたが、これほど大変なものかと体感した。しかしその点子どもたちは慣れてい

曳山のうしろについて歩きながら笛を吹く。前列一番左が筆者。はぐれないよう前に出て吹いている。（長浜市街　H23.4.2 14:18）

るのか、曲の途中である程度休憩を入れたり、曳山が止まり演奏がやんだときは人ごみに紛れて追いかけっこをしたりと遊んでいた。しかし、さすがに終盤になってくると、「疲れた！　まだ終わらないの？」と若衆に聞く姿が見られた。私も終盤に差し掛かると息が続かなくなり、滑らかな演奏ができなくなった。しかし何度も繰り返し御遣りを吹いたことで、完全に楽譜を見ずに演奏することができるようになった。

こうして、私のシャギリ初出演は終わった。歩きながら笛を吹くということの大変さ、衆目のなかで吹く恥ずかしさなども体験した。出笛を吹ける子どもに対し改めて敬服した。子どもたちの何人かに「どうしてシャギリを始めたの？」

と聞いてみた。

「まつりの間、学校を休めるから」「お菓子がもらえるから」などの理由もあったが、「練習に来ると、学校とは違う友達に会えるから」という意見が多かったように思う。シャギリは「伝承、伝統」といって大人たちが上から教えて習得されるものではなく、シャギリの練習を口実に子どもたちが集まる場があり、そのなかで習得し、伝承されていくものであった。

迎え提灯

四月十二日二十時、この日私は大手門通りの飲食店の前にいた。壽山の囃子方に誘われ、起し太鼓に参加させてもらうことになったのだ。しかし、事前に聞いていた起し太鼓の開始時間は二十三時頃であり、この三時間の間に何をするのかわからないまま向かったのだった。

ほどなくして法被を着た若衆が集まってくる。起し太鼓は深夜におこなう行事なので、基本的に高校生以上か若衆が参加するということだった。飲食店の前には提灯《ちょうちん》が十数個並べて置いてあり、シャギリヤタイも止まっている。シャギリヤタイ（またはハヤシマル）

とは車輪つきの屋台である。まつり中は曳山のうしろについて囃子方の着る法被や提灯、囃子方のための賄《まかな》いなどを載せる。起し太鼓の際にはシャギリヤタイに大太鼓と締め太鼓を載せ、シャギリヤタイを曳きながら自町内を演奏してまわる。集まった若衆の人数は約十人で、シャギリのできない若衆も多く集まっている。

この日はまつり直前の裸参りの日であり、起し太鼓の前に裸参りの迎え提灯をするという。集合が早かったのはこのためだった。大手門通りは裸参りの一行が必ず通る道である。

「いつもは迎えシャギリをするから、この道はシャギリの音とヨイサの声で賑やかなんやけどな……」

と副筆頭がこぼした。この年は東日本大震災によるまつりの自粛のため、迎えシャギリのかわりに迎え提灯をおこなう。山組で決まったことではあるが、やはり盛り上がりに欠ける裸参りの最終日に、若衆たちは残念そうであった。また、裸参りではなく羽織参りに変更した山組もあり、若衆たちは、もし今年出番山であったら自分たちはどのような判断をするか？　について話し合っていた。まつりと自粛の問題は若衆のなかで大きな関心事のようだ。

ほどなくしてカラカラと下駄の音を響かせ、羽織参りの春日山《かすがざん》が大手門通りに向かってくる。その姿を見て、それまで話に夢中になっていた若衆たちはあわてて提灯のろうそくに火をつける。各自提灯を片手に持ち、春日山に向けてかかげる。春日山の羽織参りは粛々と早足で通り過ぎる。ほとんど言葉をかける間もなく歩き去る春日山一行の背中に向かい、高く提灯をかかげて見送った。

「あれで井戸の水かけられたら、寒いやろうな」筆頭がぼそりとつぶやいた。

しばらくすると、遠くから「ヨイサ」の掛け声が近づいてくる。月宮殿《げっきゅうでん》の裸参りが近づいてきたのだ。壽山の若衆は提灯を高く突き上げ、「待ってました」と言わんばかりに月宮殿の一行のもとへ駆け寄る。月宮殿の「ヨイサ！」の声に負けじと壽山の若衆も「ヨイサ！」と声を張り上げる。両山組の「ヨイサ」の声が大手門通りに反響し、熱気に包まれる。

「本来はいつもこんな感じなんだ」両山組のヒートアップ具合に圧倒されている私に若衆の一人は満足そうに話した。

その後ほかの山組も見送ると、二十三時頃まで店内で宴会をしながらほどよい時間まで待機していた。

寒い！　暗い！　起し太鼓

二十三時頃、「そろそろ行くか」と筆頭にうながされ、全員が飲食店を出てシャギリヤタイを曳きだし、起し太鼓に向かう準備を始める。実をいうと若衆たちはこの時点でほろ酔い気分だった。私も筆頭からの上手なお酌を断りきれず、この時点でかなり酔っていたかもしれない。そのためところどころ記憶が飛んでいるところもあるが、覚えている限りで当日の様子を述べようと思うのでご容赦いただきたい。

まず、外に出て感じたのは寒さであった。先日の交替式では汗ばんだくらいに厚い生地の法被を着ていたにもかかわらず、である。単に飲みすぎからきた悪寒かもしれないが、今となっては確認のしようがない。

シャギリヤタイに太鼓を担当する若衆が乗り込み、いよいよ起し太鼓に出発する。笛を持たない若衆はシャギリヤタイを曳きながら一緒に歩く。笛の人数は五人と少なく、一人でも吹くのをやめるとすぐにわかってしまう。「気を引き締めて演奏しよう」とアルコールでかすんだ頭で考えた。

一行は山蔵の方角へ進む。大手門通りはアーケードのある商店街で、外灯がかなり明るかったが、通りを出てしまうと明かりは少なく暗い。私は歩いて「起し太鼓」を演奏しながら、シャギリヤタイからはぐれないように必死になっていた。どのルートで自町をまわったかよく思い出すことができないほどだった。

足元の暗いなかを演奏しつつ進んでいくと、山蔵の前の辻に人だかりが見え、シャギリの音が聞こえてくる。常磐山の若衆たちが常磐山の起し太鼓を演奏しながらこちらを向いて待っているのだった。壽山の一行も起し太鼓を吹きながら常磐山の一団に近づいていく。あとで聞いたことだが、この年は震災の自粛に関係して、「起し太鼓は自町のみ」という取り決めがあったため、両山組の範囲の境界にあたるこの場所で落ち合うことがあらかじめ決められていたそうだ。

二つの山組がある程度近づいたところで、不意に壽山が止まった。私もあわてて立ち止まる。壽山と常磐山の起し太鼓の一団は距離をとって対面し、しばらくの間お互いの起し太鼓を演奏する。笛の音色で二つの山組が対話をしているかのような、緊張した空気が流れる。

一分ほど演奏し、きりよく終わったところで、それぞれの筆頭や囃子方がお互い和やかに挨拶し、お酒を贈りあう。すると、そこここで雑談が始まった。先ほどの緊張感が嘘のようになっている。壽山の若衆は「常磐山にはシャギリでいつもお世話になっているから起し太鼓のとき挨拶しに行く」のだと言っていた。

さて、雑談が一段落したところで、両山組は自町をまわりに行くためもう一度対面して起し太鼓を演奏し、それぞれの町の方へ引き返していく。壽山はこのあとまた自町内をまわった。ほかの山組の起し太鼓では、まつり関係者の家の扉を叩くこともある、と聞いたが、この年の壽山ではそのようなこともなく、自町のみを曳いてまわった。時間にして三十分くらいだったはずなのだが、途中から寒さに指がかじかんで動かず、思うように演奏できなくなっていた。起し太鼓の曲は軽快なテンポで耳に残りやすく、私が初めに暗譜で吹けるようになった曲なのだが、このときばかりは「なぜこんなに寒いなかで吹くのに、アップテンポの曲にしたんだ」と思いたくなるくらい吹きにくく感じた。また、道が暗いうえ、酸欠なのか歩いてさらに酔いがまわったのか、だんだん視界が狭くなってくるように感じた。しかし、先ほどまで一緒に飲酒していた若衆はしっかりとした足取りで、なんなく笛を吹きこなしている。彼らにとっては毎年のこととはいえ、その体力に驚愕《きょうがく》した。

午前〇時頃、大手門通りの飲食店前に戻ってきて筆頭が起し太鼓の終了を告げる。

「日にちをまたがない起し太鼓は初めてだ」と若衆たちが言っていた。
本来はこのあと、ほかの山組の集会所まで起し太鼓に行くそうだが、平成二十三年は諫皷山の町家に若衆たちがお酒を持って挨拶へ行った。私もついていったのだが、このときすでに寒さと酒酔いでダウンしており、記憶もあいまいなため、このあとのことを記録に残すのは控えさせていただきたい。

今回の参加で、昼におこなわれる曳山について演奏されるシャギリと、起し太鼓の違いが見えてきたような気がする。昼のシャギリは曳山や狂言に付随するものとして見られ、聞かれ、シャギリがメインになるのはせいぜい出笛くらいだ。一方、起し太鼓では「シャギリをすること」がメインになっている。しかし起し太鼓は観光客に見せるということはまったく意識されておらず、自町やほかの町のまつり関係者に呼びかけ、挨拶をするものだった。起し太鼓はまつりのパンフレットでは「自町のまつり関係者を起してまわる」ためにおこなう行事と説明されていることが多い。しかし、私の見た起し太鼓という行事は、まつり関係者がほかの山組に、本日が始まる前にねぎらいをしたり、今年もよろしく、という挨拶をおこなうための行事だった。

まつり当日のシャギリ

まつり当日は出番山である月宮殿に張りつき、調査をしていた。

ここでは平成二十三年（二〇一一）に出番山であった月宮殿の狂言前後のシャギリに参加する子どもたちの様子について私が見たことを書きたい。曳山巡行中太鼓、すり鉦、笛の一部は亭のなかにいる。残念ながら観客は亭のなかの様子を見ることができない。それは調査者の私も同じであった。また、女子でもシャギリに参加できる山組では、曳山のうしろについてシャギリを演奏する女子の姿を見ることができた。しかし月宮殿は男子しかシャギリに参加できず、しかもほとんどが亭にいるため、曳山のうしろで吹いている子どもは少なく、吹いている様子を見る機会があまりなかった。私はシャギリやその練習にも参加していたため、当日子どもたちが吹いている様子を見られないことを非常に残念に思った。

ただ、左右に大きく揺れながら動く曳山の亭を見て、そこで演奏していることを想像すると、歩きながら吹くのも相当大変だったのに、揺れる亭のなかでよく笛が吹けるなあ、と感心した。

曳山がとまり、指示を仰ぐため囃子方のもとに集まる子どもたち（大手門通り　H23.4.15 12:42）

亭の上からは舞台の状況が見えない。しかし曳山が停止すれば奉演間を、狂言が終われば神楽を、というように場面に合わせて曲をかえなくてはならない。私はまつりを見るまで、亭のなかの子どもはどうやってそのタイミングを知るのか疑問だった。

狂言が執行される少し前、役者たちが舞台から曳山の奥へ入ったあと曳山の側面に注目していると、囃子方が横幕をめくりあげ、亭に向かって、

「そろそろ狂言が始まるぞ」「今吹いてる曲終わったら、奉演間」

などと指示を出しているのが見えた。囃子方が舞台の様子を見ながら、亭の上の子どもたちに指示を出しているようだ。

狂言が終われば、シャギリに参加する子どもたちを集め、「次は十四時から。さっきまで吹いてた人は今から休憩、この間に飯を食べにいってこい。残りの人は亭に上がれよ」というように指示を出す。囃子方は上演の遅れなども考慮に入れて子どもたちに時間や待機場所の指示を出さなくてはならないようだ。当日はこのように囃子方の指示によって滞りなくシャギリがおこなわれ、まつりを盛り上げていた。

私は一般の方が見ることができないシャギリ練習に参加し、子どもたちや若衆とともに出演までさせていただいた。まつり当日は亭の下から眺める程度だったが、練習に参加していたからこそ、当日亭の上で吹くシャギリの難しさに思いを巡らせることができた。

長浜曳山まつりの芸能というと狂言のイメージが強い。しかし、曳山が巡行するとき、もしシャギリの音がなかったらまつりはとても味気なく、メリハリのないものになるだろう。ときにはシャギリの音色に耳を傾けていただきたい。

ちなみに私の笛の上達具合だが、まつりのあとも何度か練習に参加し、平成二十四年七月現在、一通りの曲は吹けるようになっている。しかし高い「ド」と「レ」の音が未だにうまく出せず、「なんか低いよなあ」と山組の方に言われ続けている。

裸参り

滋賀県立大学人間文化学部　四回生
向井　渉

　まつり本日間近の夜、長浜の町には男たちの「ヨイサ、ヨイサ」という威勢のいい掛け声が響き渡る。提灯《ちょうちん》を手に、白い装束に地下足袋《じかたび》という裸参り専用の衣装を着た男たちの行進は、非常に活気のあるものであり、見る者にとってもまつりに対する意気込みをじかに感じることができる。

　ここでは、私が参加した平成二十三年（二〇一一）の月宮殿の裸参りの体験をもとに、曳山まつりにおける裸参りがどのようなものであるか、その魅力もまじえつつ述べていきたい。裸参りの期間は四月の九日から十二日までの四日間であり、私はそのうちの九日と十二日に参加した。

月宮殿の裸参りに参加する教員と学生（前から３番目）（H23.4.9 21:02）

裸参りへの参加

裸参りの衣装は白シャツ、キマタ、さらし、地下足袋、そして鉢巻《はちまき》である。このような衣装を着るのは初めてであり、さらしがうまく巻けなかったので山組の人に手伝ってもらった。

鉢巻の色は籤《くじ》取人が赤、筆頭、役者親は青、それ以外の若衆が白となっている。まず、裸参りの装束に着がえるために山組の会所に集合する。その後、負担人、筆頭などから挨拶があり、酒盛りをする。四月とはいえ裸参りは夜におこなわれるため寒い。若衆のある方に聞く話によれば「お酒を飲んで身体を温めないと寒さをしのげない。今から大変だろうからしっかり飲んでおけ」とのことである。一緒に参加した武田先生はお酒が飲めないため困惑していた。

挨拶、酒盛りが終わると会所の外へ移動し、筆頭を中心に隊列を組む。この隊列で行進するのだが、出発する前に青鉢巻の若衆により冷水をかけられる。これには身を清めたり、冷水で身を引き締めて気合を入れたりする効果があると思われるが、やはり寒いなかなので水にはかかりたくないと思う人もいるようだ。そういった場合なるべくかからないように逃げたりするのだが、そうすると逆に狙われてしまう。

さて、月宮殿の会所である田町会館を出発すると、まずは八幡宮を目指す。隣の人と肩を組み、手には提灯をかかげ持つというスタイルで行進する。そして、列を整理する青鉢巻の若衆の指示のもと、「ヨイサ、ヨイサ」と声を張り上げ行進するのである。彼らは笛を使用してヨイサの掛け声を先導したり、乱れた列を整えたりしつつ隊列の先頭を籤取人とともに進む。

八幡宮に向かう道中、出番山《でばんやま》ではない山組が迎え提灯をし、提灯をかかげてヨイサの掛け声で激励する。このとき、若衆の筆頭同士が挨拶をし、筆頭と籤取人は塩と酒を振舞われ、裸参りをおこなう意志を迎える側に伝える。また、夜なので見物する観光客こそ少ないものの、町の人たちもその行進を見にくる。いよいよまつり本日がやってくるのだなという、まつりを楽しみにしている町の人たちの様子がうかがえる。

道中信号があるところでは停止するのだが、停止中は酔った人にうしろから押されるので、前にいる人は大変である。

八幡宮に到着すると、まず鳥居近くにある井戸で籤取人、筆頭、役者親などは水を浴び身を清める。それが終わると八幡宮の拝殿に参拝、続いて豊国神社に移動し参拝する。祈願するときはひざまずいて目を閉じつつ、「本日晴天」「役者健康」というふうに祈願することを口にし、まつりが成功することを祈る。その雰囲気は厳粛なものであるが、ふとしたことでその空気がゆるむこともあった。それに対して、「セーラムライト」(たばこの名前)という狂言のセリフにちなんで「ええかげんにセーラムライト」というふうに駄洒落をまじえて一喝することもあった。そのとき、参加している若衆の顔には笑みが浮かぶ。体力的にも大変な裸参りのなかでほんの少しの休息ともいえる遊び心が感じられる瞬間であった。

参拝が終わると自町に戻り、各役者の家をまわる。役者と役者親は若衆に担ぎ上げられ、「ヨイサ」の掛け声とともに激励される。若衆に担ぎ上げられた役者はとても嬉しそうな顔をする。その表情を見て若衆が役者に本番での演技を期待し、また役者もその期待に応

八幡宮の井戸で水を浴び、身を清める若衆（H23.4.12 20:42）

えようとするのではないだろうか。

また、各役者の家をまわる途中に、賄《まかな》い料理が振舞われる。賄いを担当する家はあらかじめ決まっており、「賄い、ありがとうございます」と感謝の言葉を述べて食事をいただく。体力を消費する裸参りにおいて、この食事はなくてはならないものであり、一息つける瞬間でもある。

以上のようにして裸参りはおこなわれる。まつり本日の行事ではないものの、若衆にとっては大きな行事であることは違いない。

裸参りの機能

先にも述べたように、四月とはいえ長浜の夜は非常に寒い。そんななか、裸参りをおこ

豊国神社に参拝し祈願する若衆（H23.4.12 21:12）

なうことによりどのような機能があるのだろうか。

若衆全員が参加する裸参りには、まつり本番に向けて若衆内での団結力を高める機能があることがまず一つ考えられるのではないだろうか。まつりの成功を祈っての参拝、そして役者の家に激励にまわることによって、このまつりを成功させたいという強い意志の下に団結する。そういった意味では、若衆一人ひとりのまつりに対するモチベーションを上げる機能もあるのではないかと、間近で見ていて感じた。

二つ目に、長浜の町にまつり本日が近づいていることを知らせる機能がある。裸参りの行進を見にきた町の人のなかには、一緒に「ヨイサ、ヨイサ」と楽しそうに叫ぶ姿も見られた。「もうそろそろまつりが始まるんだな」といった表情でまつり本日に心を躍らすようにも感じられたが、裸参りの行進する様子を見ることは、起し太鼓とはまた別の形でまつりが始まることを町の人々に示すのではないだろうか。

今回、月宮殿の裸参りに参加したが、まつりを実行する人たちの熱意を間近で身をもって感じることができたのは、自分にとって得難い経験となった。私は地元のまつりで神輿を担いだ経験があるのだが、それはまつり本日だけであり、まつり本日前にこのような大きな行事をおこなうことに新鮮さを覚えた。曳山まつりの主役は狂言の役者ではあるが、それを支える若衆のパワフルな裸参りは、曳山まつりの違った側面を私たちに見せてくれるのである。

コラム

神輿　まつりの場としての御旅所

市川秀之

平成二十三年(二〇一一)四月の曳山まつりは、東日本大震災の影響でいくつかの行事が自粛され、そのため御旅所《おたびしょ》への神輿の渡御《とぎょ》も中止された。したがって私は翌二十四年に初めて神輿の御旅所への渡御を見学することとなった。

四月十三日に私が長濱八幡宮についたときには、神輿はすでに拝殿に飾られていた。神輿は近年新調されたらしく金具も美しい。ずいぶん大きな神輿で、担ぐには最低でも六十人が必要だという。午前十時、神主による神事があり、神輿が拝殿から担ぎだされる。現在は曳山まつりの主役は狂言であるが、本来狂言は神に奉納する芸能であり、神が御旅所へ移動する神輿渡御はまつりのなかで重要な役割を占めている。狂言は出番山《でばんやま》の山組が中心になっておこなうが、神輿の渡御の担い手は少し異なり、八幡宮から御旅所への渡御については山組全体で担ぐ。出番山の若衆は忙しいのでそれ以外、すなわち出番山の中老と暇番山《かばんやま》の若衆・中老から人がでて担ぐこととなっている。実際に担いでいるのは中老のなかでも若い人が多いが、リーダー格の人はずいぶんと高齢に見える。出番山以外では若衆がたくさんでている。

また十五日の御旅所狂言が終わったあと、神輿を御旅所から八幡宮まで担ぐのは七郷《しちごう》とよばれる地域の人々である。七郷は列見《れっけ》・八幡中山《やわたなかやま》、東三ツ矢、東・西神前《しんぜん》、北門前、八幡東《やわたひがし》、南高《たか》田《だ》、北高田などの範囲で、山組の町々が八幡宮よりも西側にあるのに対して、八幡宮よりも東側の町によって構成されている。

さて拝殿を担ぎだされた神輿は「ヨイサ」の掛け声とともに御旅所へと向かう。担ぎ手の服装は揃いの法被《はっぴ》とキマタである。私は神輿の

御旅所に入れられる神輿（御旅所　H24.4.13 11:36）

ルートを事前に調べていなかったので単純に曳山と同じく宮町通りから大手門通りを御旅所に向かうと思っていたが、実際には神輿は、曳山とはまったく異なったルートを進み、長浜の町をどんどん南に進んだ。私はこの調査で長浜には何度も来ているが、よく考えれば長浜駅と長濱八幡宮の間を往復していただけなので、神輿が通る古い町並みは新鮮だった。途中何度か休憩所が設けられ、地元の人々によって担ぎ手の接待がおこなわれる。神輿は再び大手門通りへと戻り御旅所の神輿堂に安置された。

御旅所は神輿を渡御しその前で狂言が演じられる場であるが、よく考えると不思議な空間である。普段は駐車場になっており大型バスがとまっているのをよく見かける。観光バスから出て黒壁へと向かう人の大半はここが御旅所であることに気づいていないだろう。ところが十三日から十五日の間、この場所からは車が一掃されまつりの空間へと姿をかえるのである。四月

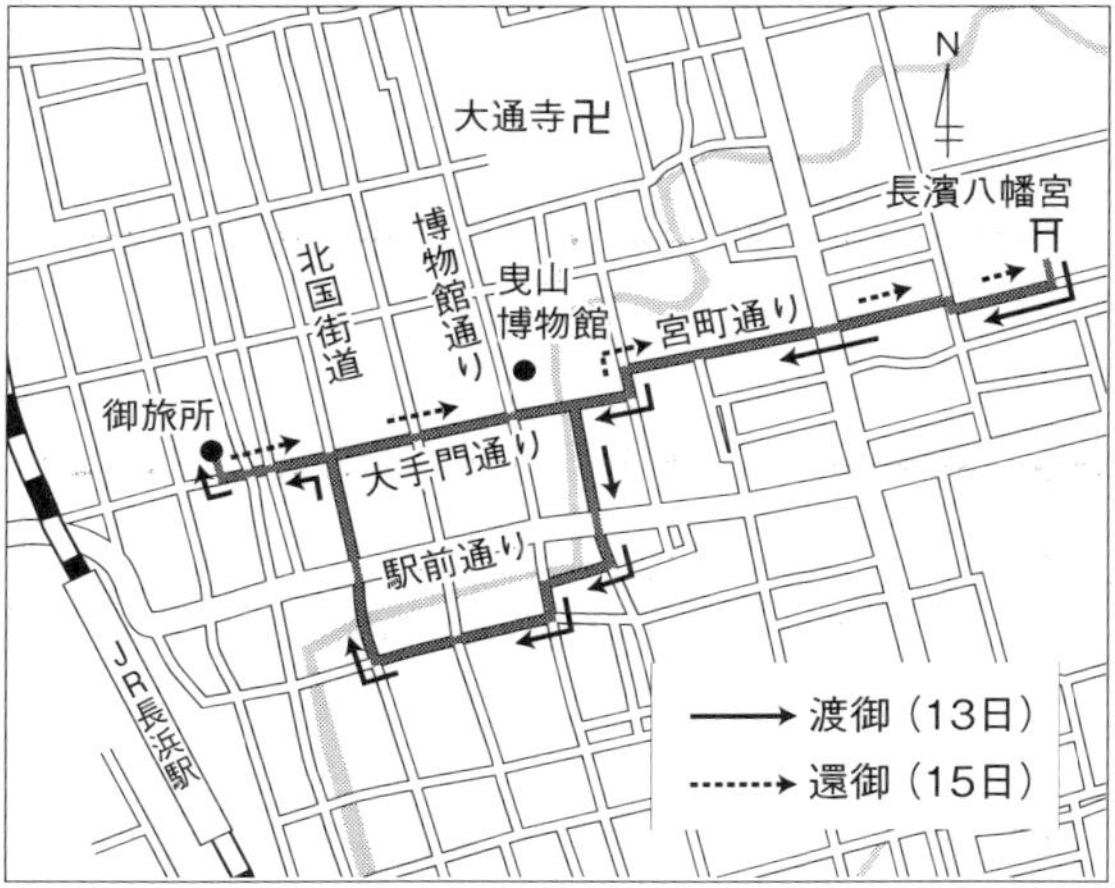

神輿巡行図

十五日の夜、曳山の提灯が灯されるなか上演される御旅所での狂言は曳山まつりのハイライトといえる。

戦前に十二組が狂言を演じていた時代には、夜明け近くまで御旅所は賑わったという。出番山が四組となった現在でも、最後の狂言が終わると時間は二十一時を過ぎる。平成二十四年のまつりでは全体的に予定が遅れたために、狂言終了は二十二時頃となった。それから曳山がそれぞれの山蔵へと帰る戻り山となるが、先立って神事がおこなわれ神輿が担ぎだされる。

このときに担ぎ手となるのは七郷の人たちで、ルートは曳山と同じである。以前は道中を神輿が行ったり来たりすることがあったそうだが、この年は神輿はとまらずに神社へと向かった。神輿に続いて四基の曳山が次々に自町へ帰っていくと、御旅所周辺はようやく夜の闇に包まれることとなる。

狂言の魅力に迫る

滋賀県立大学人間文化学部　三回生　岸本香歩・篠田佳奈・西田葵

狂言は長浜曳山まつりの一番の見どころである。ここでは平成二十三年と平成二十四年における十三日から十六日の狂言の様子を紹介する。

十三日番　初披露、華麗なる役者の変身

狂言が初めて曳山の上で上演されるのは十三日だ。これは各山組の町内でおこなわれるものなので、観客は町内の方が多い。狂言の練習は九日の線香番《せんこうばん》で公開されるので観客のなかには一度舞台を見ているという人もいるだろう。しかし、化粧をして、本格的な衣装をまとっての上演を見るのはこのときが初めてとなる。役者たちがどんな姿で登場するのかという期待で曳山の周りはざわついていた。狂言の始まりの合図である出笛《でぶえ》が始まると観客は静まりかえり、耳をすませていた。出笛が終わると、若衆の「よくできました」と

いう掛け声とともに大きな拍手が送られ、舞台が始まる。上演場所は山組によって違うが、屋外での上演のため、夕日が落ちて闇が深くなるなかで提灯《ちょうちん》を灯して上演するので、非常に情緒がある。

稽古のときは稽古着の着物は着ているが、化粧や鬘《かつら》はしない。そのため、演じている役者自身の表情や仕草に注目してしまう。化粧や鬘・衣装があると、その役に形からなりきっているので稽古の舞台とはまったく違う印象を受ける。「こんな恰好よくなると思ってなかった」という声や女形の役者を見て「本当に女の子みたい」といった驚きの声があがっていた。役者の華麗な変身に加え、目が離せない迫真の演技を見せつけられ、小学生くらいの小さな子どもにこんな演技ができるのだなと胸を打たれた。

また、上演後に舞台から下りた役者たちが、家族のところに走っていく姿や、緊張がほぐれ子どもらしい笑顔を見せる姿を見ると、やはり子どもなのだなと思ってしまう。この役者たちが次の日からはどんな舞台を見せてくれるのだろうと期待が高まった。

十四日の狂言　響きわたる役者の声

十四日は朝から二度狂言が上演される。曳山のまわりでは早朝から子どもたちの元気な声が響きわたっている。最初の方は観客が少ない。しかし上演が始まって時間がたつにつれ、観客が集まってくる。私は観客の様子を観察しようとうしろに下がり、壁沿いで見ていたが、役者の活躍を見ようとできるだけ前へ前へと観客が詰めてくるので、気がついたときには人混みのなかに埋もれてしまっていた。身動きができない上に私は身長が低いので舞台もよく見えない。私も必死に背伸びをしていた。

狂言終了後、ボランティアとして通路に立っていると、観光客の方から「もう狂言はないの？」という質問をうけた。思いのほかその質問が多くて、十人くらいから聞かれたように思う。観光客の方は、まつり期間中であればいつ来ても狂言が見られるのだという認識があるようだ。日によって狂言の上演時間がかわるので、曳山まつりを楽しむためにもスケジュールの確認をお勧めしたい。十四日の午後からは登り山という行事が始まる。

登り山　ヨイサ、ヨイサの掛け声とともに

登り山が始まるまでの間、役者たちは休憩に入る。役者たちは食事をとるのも、お菓子一つ食べるのも大変である。衣装を汚さないように前にタオルをかけ、さらに、化粧が崩れないように、小さく切った食べ物を若衆に食べさせてもらうのである。

鳳凰山　登り山では役者が舞台に座った状態で曳山を動かす（H24.4.14 13:36）

休憩後、役者たちと舞台後見は曳山の舞台に上がり、若衆は曳山の前に並んで記念撮影をする。それが終わると、登り山が始まる。役者たちは曳山の舞台上で正座し、それぞれの山組の扇を広げて持つ。曳き手は若衆の「ヨイサ、ヨイサ」の掛け声とともに曳山を八幡宮まで曳いていく。大きな曳山がゴロゴロと音を立てて曳かれていく様子はなかなか迫力がある。

曳山の車輪の下に木の棒を差し入れて曳山を浮かせ、勢いをつけて縄を進行方向へ引っ張ると同時に、山の側面を逆側に押すことで方向転換がおこなわれる。このときはより一層大きな声で「ヨイサ、ヨイサ」の掛け声が響き、曳き手たちの気迫が伝わってくる。動いた瞬間、かなりの迫力に観客たちも身を引いてしまうほどであった。曳山

情になった。

なんとか幟を電線からはずすことができ、心配そうに眺めていた観客たちはほっとした表

八幡宮に到着する直前、ある曳山の幟《のぼり》が電線に引っ掛かってしまうハプニングがあった。

に乗っている役者たちも、曳山が大きく動くたびに驚いた顔を見せていた。

夕渡り　夕灯りを行く役者

十九時頃、すっかり暗くなってから夕渡りが始まる。夕渡りが始まる頃、八幡宮内は多くの人でにぎわっていた。横一列に並んだ曳山には、提灯の明かりが灯され、とても美しい姿を浮かびあがらせていた。観客のなかに、「おばあちゃんも昔は上がりたかったけど、男の子しか上がれないのよ」と、お孫さんに懐かしそうに話している女性を見かけた。今も昔も女性たちは曳山に少なからず憧れを抱くのであろう。

役者には二人の若衆がつき、役者の役名と本名、年齢が書かれた札と提灯、そして役者が座る床几《しょうぎ》を持つ。若衆が持っている札に書いてある年齢を見て、観客のなかには「あの子〇歳なんや、小さいのにすごいね」と話す人もいた。また、「〇〇さんの家の子や」と、地元の人ならではの会話も聞かれた。この長浜曳山まつりが、地域の人々のなかに深く根

ざしていることを改めて感じた。

シャギリが響くなか、多くの観客の前を歩く。役者たちに緊張している様子はなかった。彼らは、およそ一ヶ月間にわたる狂言の練習のなかで役者へと成長し、線香番や自町狂言で、大勢の前で狂言を演じてきたのである。緊張することなく、堂々と、前を見て歩く彼らの顔は、まさに一人前の役者の顔であった。

また夕渡りの見所は、役者たちがたびたび立ち止まり、見得《みえ》を切ったり、演技の一部を披露することである。そのたびに、観客から拍手喝采が起こり、笑顔があふれ、役者は全身にカメラのフラッシュを浴びる。私が見た役者は、カメラのフラッシュがある程度収まるまで、ポーズをとり続けてくれていた。

壽山《ことぶきざん》の女房お静は、和傘を差し、「見返り美人図」のように振り返るポーズをとっていた。その仕草に「きれいで色っぽいね」という声が観客のなかから多く出ていた。お静の妖艶さは、私たち学生のなかでも、しばしば話題にあがるものであった。また、根岸の礼三郎は笠を頭の上に持って、にらみをきかせていた。そして、そのポーズをやめると、一転して深々と礼をし、観客を沸かせていた。

夕渡りが終わると、役者たちは自町へ戻る。稽古場のなかに入り、若衆が役者の化粧を落とし、着がえを手伝う。若衆は、今日一日がんばって「疲れた」と言う役者を「お疲れさん、明日もがんばれよ」とねぎらい、激励しながら「明日も早いから、ゲームせんと寝ろよ」と念を押すことも忘れなかった。

神前狂言　観客の熱気、裏方の奮闘

十五日の狂言は、八幡宮での神前狂言から始まる。一番山《いちばんやま》から順番に執行される。開始時刻は九時五十五分だが、それ以前から八幡宮の境内には多くの観客が集まり、有料席もたくさんの観客で埋まっていた。狂言が始まるのを待つ観客たちは、間近で見る大きな曳山をカメラに収めるなど、思い思いに過ごしている。

神前狂言では曳山を所定の位置まで動かさなくてはならない。曳山が動き出すと、観客からは「おぉ！」という歓声が起こる。大きな曳山が人の力だけで動くというのは、たしかに感動するだろう。その上、境内での移動は、観客が多くいることもあり狭いスペースのなかでおこなわれる。何度も方向転換をしながら、曳山を移動させるのである。この際、一度曳山の動きが止まると、少し距離を取って見ていた観客たちは、一斉に曳山の近くへ移動しようと動き出す。曳山や曳き手たちに巻き込まれはしないかと不安になる場面も

鳳凰山　曳山の側面を押しながら方向をかえる（長濱八幡宮　H24.4.15 14:14）

あったが、観客たちはそれだけ「いい場所で見たい」、「いい写真を撮りたい」という思いが強いのだろう。また、山組の方々は所定の位置に曳山を設置する際、角度にとてもこだわっていた。微妙な修正を加えながら何度も方向転換を繰り返し、曳き手が一丸となって所定の位置に曳山を設置していく。

狂言が始まると、観客たちの視線は舞台上の役者に釘づけになる。なかには、曳山の近くまで寄って狂言を録画している観客もいた。この日は風が強く、鳳凰山《ほうおうざん》では小道具として舞台上に設置されていた白い旗が風になびいてしまっていた。この白い旗は笹《ささ》に取りつけてあり、狂言のなかで役者が笹からはずすことになっている。そのため完全に固定してしまうわけにもいかず、狂言の最中に若衆や舞台後見が、役者たちの演技の邪魔にならないように気をつけな

鳳凰山の神前狂言の準備（長濱八幡宮　H24.4.15 14:28）

がら、何とか風になびいてしまわないようにと奮闘していた。普段の練習は屋内でおこなわれるため、臨機応変な対応が必要になってくるのだ。

また、狂言では、舞台後見が幕のなかに入ってツケ（歌舞伎の用語で板を拍子木《ひょうしぎ》様の二つの柝《き》でたたくこと）を打ち鳴らすが、舞台上の様子が確認できないので、ほかの若衆が幕を叩いてツケを打つタイミングを合図する。

順番を待つほかの山組では、若衆たちが小道具を設置するなど準備をしていた。曳山のうしろにあるテントでは、鬘・衣装があわただしく役者たちを着がえさせる。鬘をはずして、それから衣装にとりかかる。着がえが終わると、曳山の移動に備えてテントが片づけられる。また、風が強いと雪を降らす演出などのとき、紙吹雪がうまく舞台上に降らなかったりもする。そんなハプニングも、屋外でおこなわれる狂言の特色といえるかもしれない。

例席での狂言

狂言が終わった山組が境内を出ていくと、観客たちの目は次の山組の狂言へと向けられる。多くの観客たちは、一番山から四番山まで、八幡宮の境内でおこなわれる神前狂言を堪能するのである。

八幡宮の境内を出た曳山は御旅所へ向かう。八幡宮から御旅所までには、曳山がぎりぎり通ることができる程度の幅の道もある。そのような道に面した店では、まつりの際曳山通行の邪魔にならないよう、看板が折りたためるようになっている。曳山まつりのために町のなかの細部にも工夫がされていることを感じた。

八幡宮から御旅所までの間には、五ヶ所の席が設けられており、山はそれぞれその内の二ヶ所で狂言を披露する。五ヶ所の席は付近の店の名前から鮒熊《ふなくま》例席・金屋《かなや》例席・一八屋《いっぱちや》例席・米嘉《こめか》例席・札《ふだ》の辻《つじ》例席と名づけられている。鮒熊例席は宮町通りにあり、ほかの四席は大手門通りにある。平成二十四年の四番山であった鳳凰山は、金屋例席と米嘉例席で狂言をおこなった。金屋例席での上演の際には、すぐ近くの一八屋例席で上演する壽山と狂言開始時刻が重なってしまった。そのため鳳凰山はマイクなしで狂言をすることとなっ

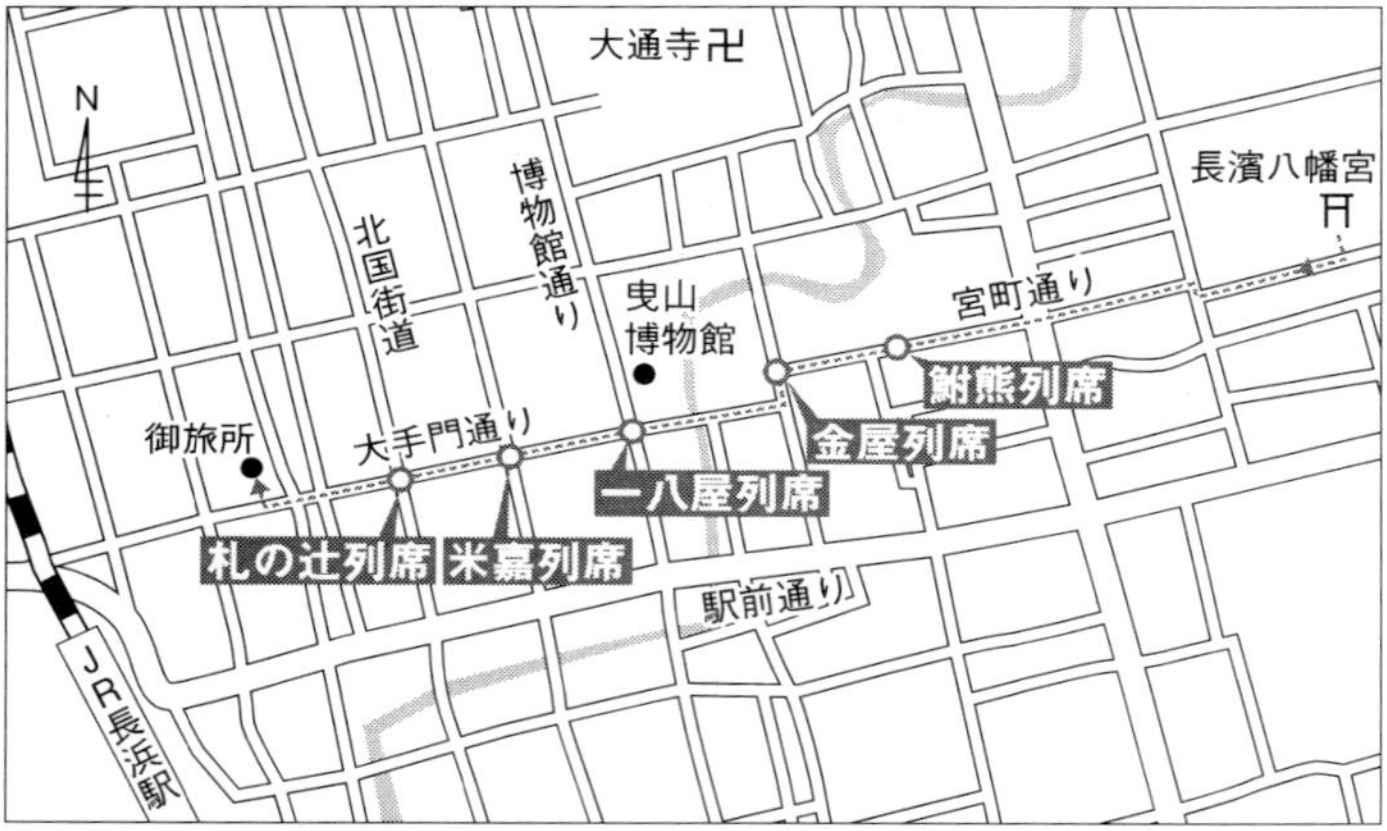

5ヶ所の例席

たが、役者たちは大きな声で演技をしていた。

曳山が去ったあとに

壽山では雪が舞う様子を演出するために、舞台上に底が網目になっている箱を取りつけ、それを糸で引っ張り振動させることで小さく切られた白い紙を降らすようにしていた。舞台を盛り上げるために細かな演出にも気が配られている。しかしこの紙は、広範囲に散らばってしまうため、片づけるのが大変である。壽山の二回目の自町狂言終了後、箒で掃いて掃除をする若衆を学生ボランティアが手伝うこともあった。私たちが掃除をしていると、周りの店の人たちが箒とチリトリを持ってきて、手伝ってくださった。掃除機を持ちだしてくださった方もいて、とても助かった。曳山まつりは地域の人も協力しておこなわれているまつりなのだなと実感した。

観客の反応　山組ごとの雰囲気

例席では時間をずらして上演がおこなわれるので、この機会にさまざまな山組の舞台を見ておくのもいいかもしれない。外題は各山組によって異なり、当然山組によって舞台の雰囲気や観客の反応が違ってくる。

平成二十四年は壽山の「小磯原雪柵《こいそがはらゆきのしがらみ》　お静《しず》と礼三郎《れいざぶろう》」という演目だけが世話物《せわもの》（江戸時代の町人社会を中心として扱った、当時の現代劇）だった。武家出身の礼三郎は町人に転じ、根岸のお静と恋仲になり子どもの千代松と三人でともに暮らしていた。しかし礼三郎の兄が病死したのをきっかけに家を継がなければならなくな

狂言終了後、紙吹雪を掃除する壽山の若衆とボランティア
(H24.4.15 18:22)

り、礼三郎は泣く泣くお静と離れることになるというストーリーだ。台詞は古風なものではなく、わかりやすく置きかえられていたので観客にも内容が伝わりやすかったようだ。子ども同士が夫婦や親子を演じているのが面白かったらしく、観客から笑い声が聞こえていた。たとえば、花道で傘を差しながら仲よく帰る場面では絆を確かめ合うようにして目を合わせる二人を見て笑いがおきていた。また、武家屋敷に帰るという礼三郎に千代松が帰っては嫌だと駄々をこねながら寝てしまう場面、礼三郎の「子どもは無邪気だな」という台詞に対してもドッと笑いがおこった。千代松の幼さが抜けきらない演技に加えて、役者が子どもだと認識しているだけに親になりきっての台詞が面白かったのだと思う。「子どもがあんなことを言っている」という声が聞こえた。

平成二十四年に同じく出番山であった鳳凰山《ほうおうざん》・猩々丸《しょうじょうまる》・高砂山《たかさござん》の演目はそれぞれ「奥《おう》州《しゅう》安達ヶ原《あだちがはら》　袖萩祭文《そではぎさいもん》」、「御所桜堀川夜討《ごしょざくらほりかわようち》　弁慶上使《べんけいじょうし》の段」、「一谷嫩軍記《いちのたにふたばぐんき》　須磨浦《すまうら》の段　組討《くみうち》の場」で、この演目はすべて時代物（江戸時代以前の公卿・僧侶・武家などの社会を題材としたもの）である。壽山とは違い、古風な台詞まわしで厳粛な雰囲気があったので観客は静かに舞台の方を見ていた。見得を切ったり、旗を広げたりと見せどころはなかなか拍手がやまない。

こういった、山組や演目によって異なる上演中の空気の違いを感じてみるのも面白い。

御旅所での狂言

御旅所で三番山や四番山の狂言がおこなわれる頃には、辺りはすっかり暗くなっている。提灯の明かりのもとでおこなわれる狂言は、昼間とは雰囲気が違ってまた趣がある。雪の場面では、雪が風にあおられてすぐには落ちず、照明に照らされてきれいだった。

御旅所での狂言が終わると、神輿還御《かんぎょ》がおこなわれる。そのとき、提灯の明かりがついた四基の曳山が並んでいる姿はとても幻想的だった。神輿が八幡宮へ向かうと、曳山もまた、各町の山蔵へと戻り、十五日のまつりは幕をとじる。

文化芸術会館での上演　もう一つの狂言

十六日は文化芸術会館の舞台で一回上演される。ここでは曳山の舞台を再現した舞台セットが組まれる。しかし、そのセットだけでなく舞台全体を使える。役者が花道からではなく舞台袖《そで》から登場したり、垣根をあらわすために壁が描かれた自作のセットが登場したりと、ここでしかない演出が見られることもある。また、同じ演出でも場所が広くなったことで役者の動きが大きくなるので、立ちまわりなどは迫力を増す。曳山での上演との違いを感じるのも楽しいものだ。

照明がある舞台演出も魅力的だ。たとえば役者の表情ははっきりと見えるし、紙吹雪の見え方もかわってくる。紙吹雪が天井近くにあるときはライトに照らされて青く淡く見え、地面に近づくにつれて白く染まっていくように見える。三味線の切ない音色が合わさって曳山の舞台にはない雰囲気が醸し出されていた。上演の前後に役者や三役の紹介、あらすじの解説などをされることが多いため、演目に対する理解も深まるのではないだろうか。

千秋楽

十六日の一番の見どころはやはり狂言執行の締めくくりとなる千秋楽《せんしゅうらく》ではないだろうか。遅めの時間帯に上演されるので観光客の方には辛いかもしれないが、予定を合わせてぜひ見てほしいと思う。

約十回演じた狂言の締めなので、役者たちの演技力も上がっているし、最後だということでいい具合に肩の力が抜けている。最後の上演を見ようと町内の方が多く集まる。最後まで真剣に狂言をおこなう山組もあり、何とも言えない緊張感が心地よい。

山組によっては、地元ネタを入れた台本の脚色や小道具の変化といった遊び心を加えているところもある。いい女やいい男のたとえとして楊貴妃や石川遼の名前が使われていた台詞を役者の保護者の名前におきかえたり、「水」をくださいと言うところを「酒」をくださいと言ってみたりとかえられていて面白くて笑ってしまった。地元ネタが入っているとちょっとわからないところもあるが、見にきている人が大笑いしているので、その感覚を一緒に楽しむことができた。また、小道具の使い方も面白い。桜の木に水をやる場面で、それまでは造花に水をかけるフリをしていたのだが、本物の桜の木を持ってきて本当に水を使いながら演じていた。周りからは「もっとかけてー」「たっぷりー」などの声が掛かり、楽しそうな雰囲気が伝わる。また、残った紙吹雪をすべて舞台に投げつけて、舞台が見えなくなるくらいに紙吹雪が舞っている演出もあって本当に見ていて楽しい。

最後には筆頭や負担人からの挨拶がある。最高潮に盛り上がっているなかでこれまでの稽古のことやまつりにかける思いが語られた。千秋楽が終わると狂言も見納めかと少し物悲しい気分になってしまう。しかし、「次回もいいまつりになるようにがんばっていきたい」と挨拶が終わると拍手が送られ、若衆が「ヨイサ、ヨイサ」と声を張り上げて盛り上げていた。また来年も見にこようと思った。

コラム

狂言の舞台裏

滋賀県立大学人間文化学部　四回生　後藤恵理

私は平成二十三年（二〇一一）の調査において、とくに月宮殿《げっきゅうでん》を参与観察した。ここでは平成二十三年四月十五日の月宮殿を取り上げ、華やかな狂言執行の裏で、役者たちにどのようなことが起きていたのかを見てみたい。狂言執行の三日目は、神前奉納を含んで四回と最も狂言執行回数が多い。

この日の初回の狂言は神前奉納であった。上演前、八幡宮の控え室から出てきた子どもたちの表情は終始こわばっていた。これまで自町でおこなってきた狂言のアットホームな雰囲気とは異なり、若衆たちもこの重要な神前奉納を成功させるため、真剣なまなざしを向けていた。こうした厳粛な雰囲気に加え、これまでにない大勢の観光客に圧倒され、曳山のうしろのござで出番を待っている役者は言葉少なだった。彼らの周りはカメラを構えた観光客が囲み、役者の表情を収めようとつねにここぞとばかりにシャッターチャンスを狙っている。役者は緊張しつつも、どうしても周りが気になる様子だった。このように狂言の直前から出番にかけ、つねに多くの人の視線にさらされ、役者のプレッシャーは極限に達していたに違いない。狂言の開始直前に、役者の一人が「トイレに行きたい」と言いだし、「どうして最初に行っておかなかったんや」という若衆の声が聞こえてきた。結局、その子は狂言が終わるまで行くことはできなかったのだが、役者の緊張の度合いがこちらにも伝わってくる出来事だった。

そんな役者を周りの若衆はつねに心配そうに見守り、声を掛けていた。また、狂言が始まってしばらくすると、振付もやってきて、顔がこわばる役者たちに笑顔で声を掛け、少しでもリラックスできるよう心配りをしていた。

この日は神前奉納のあと、商店街で二回、御旅所《おたびしょ》で一回狂言の上演があった。ちょうど商店街での二回目の上演を終え、三回目の上演中のことであった。神前奉納を終えほっとしたのと、連日の疲労からくるものだろう。曳山のうしろのござで出番を待っている役者は眠そうにしていた。それを見た若衆は「眠いんか、もうちょっとがんばれ」と励ましていた。また、役者の肩をもんでいる若衆もいた。そんな若衆の姿に励まされたのか、役者は周りの役者と嬉しそうに話すなど余裕を取り戻していった。しかし、今度は逆に役者に声を掛けていた若衆が、一仕事を終えた安堵感からか曳山のうしろの柱によりかかり、立ったまま一寝入りしていた。仕事をしているうちに気づいたら寝てしまったのだろう。

まつり期間中、連日狂言をおこなわなければならない役者にとっても、またそれを支える若衆にとってもとてつもなくハードな現場を見た瞬間だった。

出番を待つ役者に声を掛ける月宮殿の若衆（長濱八幡宮　H23.4.15 11:16）

總當番ボランティア事始め

滋賀県立大学人間文化学部　二回生
佐野正晴

總當番ボランティア説明会

長浜曳山まつりで曳山を動かす役割である山曳きが、数年前から減少している。それをうけて、今年(平成二十四年)初めて「總當番《そうとうばん》ボランティア」が一般に広く募集された。昨年の市民ボランティアはその伏線にあたり、これからも継続的にボランティアの参加を呼びかけていくそうだ。

四月七日(四月の第一土曜日)、曳山交替式の間をぬうように学生への總當番ボランティアの説明が曳山博物館でおこなわれた。ボランティアを募集した總當番二名から、私たちは役割や当日の動きについて説明をうけた。

それによると、男性はまつり本日《ほんび》の山曳きのほかに、登り山や夕渡りの際の人行事や陣提灯持ちなどを担当する。人行事とは、各山組の先頭や總當番の近くに二人ずついて、曳山や行列が通る道をあける「露払い《つゆばらい》」の役割である。また、負担人とつねに一緒にいて、ほかの山組への挨拶のときなどには前を歩いて先導する。

女性は各山組に二名ずつつき、観光客の案内や交通整理をおこないつつ、狂言の開始時間などの記録をとることが主な役割である。

滋賀県立大学からのボランティアは男女合わせて十六名。十四日の登り山で男子学生は壽山《ことぶきざん》、鳳凰山《ほうおうざん》、高砂山《たかさござん》、猩々丸《しょうじょうまる》の各山組と總當番の人行事を務めた。また、同日の夕渡りでは全員が猩々丸の行列に参加し、翌十五日は壽山の山曳きをした。女子学生は本日期間中、壽山、鳳凰山、猩々丸の各山組で仕事をした。

私は、壽山の登り山での人行事と猩々丸の夕渡りでの人行事を務めた。また二日目は壽山の山曳きをおこなった。

ボランティアの楽屋裏

四月十四日、私たち總當番ボランティアは、十時に八幡宮裏手の睦《むつみ》会館に集合することになっていた。九時三十分頃からボランティアの参加者が少しずつ集まり始め、しばらくすると總當番が数名来て会館を開けてくれた。学生ボランティアは一般ボランティアとともに会館の一階に通され、一日の動きについて詳しい説明をうける。

一通りの説明が終わると、少し早めの昼食としてお弁当をいただく。このお弁当は豪華で、大変おいしかった。一日目の昼食だけでなく、まつりの間にいただいたお弁当はどれも普段は食べることができないようなものばかりであった。これもまたボランティアの楽しみの一つであろう。

そうこうしているうちに、各山組の方がそれぞれのボランティアを迎えにくる。私は一緒に参加した先輩と二人で壽山の集合場所であるまちづくり役場へ向かった。まちづくり役場には人事担当の方がおり、人行事の役割についての説明と装束の着付けがおこなわれる。

人行事は、すげ笠《がさ》、法被《はっぴ》、手甲《てっこう》、脚絆《きゃはん》、雪駄《せった》といった出で立ちで、通路に対して外側の手で金棒を持ち、地面に引きずりながらゆっくり歩く。

すげ笠は頭上で安定しないため、自分の頭と笠との間にタオルを折りたたんではさみ、歩く振動などでずり落ちてこないようにする。しかし、当日は風が強く、少し開けた場所では片手で笠を押さえておかないと飛んでいってしまいそうだった。

登り山・壽山の人行事

慣れない装束に戸惑いながらも、何とか形を整えて壽山が待機している御旅所付近まで行き、曳山の前で左右それぞれに立って出発のときを待つ。登り山では四番山から順に自町から八幡宮へ向かうため、三番山の壽山は四番山の鳳凰山が通り過ぎてからの出発となる。

しばらくすると、鳳凰山の一団が御旅所近くの交差点を進んでくるのが見える。それとほぼ同時に鳳凰山の負担人が人行事とともに壽山の負担人に挨拶にくる。曳山まつりでは曳山が動き始めるときなどに必ずこのような挨拶をおこなう。鳳凰山が通り過ぎていくと、負担人が人行事の先導のもと、二番山の猩々丸と總當番に挨拶をしにいく。そして正午頃、いよいよ壽山も八幡宮へ向かって出発する。

出発してすぐに壽山の自町の大手門通り商店街にさしかかる。商店街の道筋にある安《あん》浄《じょう》寺《じ》は壽山の狂言の稽古場であり、そこで役者たちを曳山の舞台に上げる。その後、記念撮影をおこない、舞台上に役者を乗せたまま曳山が動きだす。このとき、人行事は歩くスピードに気をつけなければならない。自分が思っているよりも遅いペースで歩かないと

壽山の人行事を務めるボランティア（H24.4.14 14:09）

曳山がついてこられず、行列がバラバラになってしまう。つい早足になってしまい、何度か負担人に呼び戻されることもあった。

大手門通り商店街を抜け、やや狭い道に入り、宮前町の信号をこえて歩いていくと、八幡宮の大きな鳥居が見えてくる。鳥居を過ぎ、道なりに進むと神社に入るためのすじかい橋がかかっている。橋を渡り、境内に入ると「壽山」と墨書された木板をはさんだ青竹が立ててあり、その位置まで曳山をもっていく。そして、向きと角度を慎重に合わせながら所定の位置に曳山を納める。このとき、少しでもずれているとよくないとされ、作業に妥協は許されない。

曳山がきれいに納まると、人行事の先導のもと負担人が總當番らに挨拶をしにいく。その後しばらくの間、人行事は負担人とともに曳山の前に立ってあとの二山の到着を待つ。すべての曳山がそろったあともしばらく待機し、その後、睦会館へ戻った。

夕渡り・猩々丸の人行事

早めの夕食を終えた十七時三十分頃、猩々丸の人事担当の方が迎えにきてくれる。夕渡りでは男子全員が猩々丸での参加のため、女子も含めて睦会館から八幡宮へ向かう。「昼は暑かったが、夕方になると肌寒くなってきた」と話していると猩々丸の人事担当の方が人行事の装束を貸してくれる。壽山の人行事の装束は深緑色を基調としたものだったが、猩々丸のものは全体的に白く、襟《えり》のあたりに黒いツルツルとした生地がつけてある。手甲と脚絆、すげ笠なども借りて身につけると意外にあたたかかった。

あたりが薄暗くなってくると、曳山に取りつけられている提灯が灯され、人行事には火を入れた弓張り提灯が手渡される。夕渡りでの人行事は片手に金棒を持ち、もう一方の手には弓張り提灯を持って歩く。

ある程度の準備が整うと、曳山の前で立っているように指示され、数十分間、じっとしているとだんだん寒くなってくる。四月とはいっても日が落ちるとまだまだ寒く、厚着をするかカイロを貼っていればよかったと少しだけ後悔する。

十九時頃になるといよいよ夕渡りが始まる。登り山と同様に四番山から順に出ていく。猩々丸は二番山だったので、三番目に出発することになる。一つ前の壽山がかなり先まで行くのを待って出発の許しが出る。夕渡りの道順や歩く速さの調節など、いろいろと不安に思っていたこともあったが、總當番が人行事よりも前にいて指示を出してくれるので、問題なくこなすことができた。

曳山の前から八幡宮を出るまでも大変な人だかりであったが、道程の後半になればなるほど観光客は増え、行列の歩く道が狭くなっていく。夕渡りの道順は登り山のときに通った道の逆で、八幡宮を出て宮前町の信号をこえ大手門通り商店街に入っていく。ただ、夕渡りは大手門通りと博物館通りの交差点にあたる一八屋辻《いっぱちゃ》までがコースとなっている。八幡宮から一八屋辻まで長い距離ではないが、役者たちが役に合った歩き方をしたり、見得を切ったりするため、登り山のときよりもいっそうゆっくり歩くことになる。

一八屋辻につくと、そのまま左の道にそれて歩いていくように猩々丸の方から言われる。猩々丸の稽古場である船町会館まで向かった。会館まで到着すると装束を返却して解散となる。

行列の先頭にいたため、うしろの状況はほとんどわからなかったが、県立大学のほかのボランティアが担当していた陣提灯持ちや毛槍《けやり》持ちなどは、道具が大きくて不安定なことに加え、当日は風も強く吹いていたので大変そうだった。

二十三時頃、夕渡りを終えて荷物を取りに睦会館まで戻り、一日目の總當番ボランティアが終わった。

山曳き

四月十五日、前日と同じく總當番ボランティアは睦会館に集合し、少し早めの昼食をいただく。ちょうどその頃、八幡宮では狂言の神前奉納がおこなわれている。十時頃から、一番山である高砂山の狂言が始まり、すべての山組が神前奉納を終える頃には昼過ぎになる。それから一番山を先頭に八幡宮を出発し、御旅所に向かった。

私も含め總當番ボランティアは壽山の山曳きをすることになっていたので、それぞれが所定の位置につく。そして、いよいよ壽山が出発するときになり、「ヨイサ」の掛け声に合わせて曳山から伸びる綱を一気に曳く。だが、曳山はまったく動かない。何度か挑戦するが、びくともしない。ボランティア説明会と同じ日、私は曳山交替式にも参加し、山曳きをしていたが、そのときはもっと少ない人数で簡単に動いていたはずである。

砂利《じゃり》で力が入らなかったこともあるが、やはり曳き手の問題であろう。交替式の曳き手はほとんどが山組の若衆であった。一方、この日はボランティアばかりであり、そう簡単に動かせるはずはなかった。それでも何とかして動かし、二回目の狂言執行場所である鮒態例席に到着する。壽山の方々に申し訳なかった。

狂言が始まる頃になると道が人でいっぱいになる。そして、なかには心ないカメラマンもいて、楽屋のなかを無理に撮影しようとする。ボランティアの仕事ではないが、学生を中心に交通整理と警備にあたる。こうした自主的な姿勢もボランティアにとって大切なことだと思う。

無事に二回目の狂言が終了すると、次の執行場所である一八屋例席まで移動する。前がつかえているらしく、予定より遅れて三回目の狂言が執行される。そして、少し時間をあけてから御旅所に向けて再び曳き山を移動させる。御旅所につく頃には日が傾き始め、若衆が弓張り提灯を持って歩く。

四山すべてがそろい、しばらくすると御旅所での狂言が始まる。この間にボランティアは夕食をとるように指示されていたが、若衆に頼まれて一部は残り、引き続き警備にあた

曳山の綱を引き、曳山を動かすボランティア（長濱八幡宮　H24.4.15 12:44）

る。すべての狂言が終わると、神輿還御がおこなわれ、その後、それぞれの曳山を各山蔵へ収納する戻り山となる。壽山の山蔵は御旅所から近いため、途中で少し止まりながらも何とか務めをはたすことができた。これをもって總當番ボランティアの仕事がすべて終わったことになる。

実は今年、私は壽山で裸参りにも参加させていただいた。そのとき、副筆頭に「こうして参加してみないと、まつりを本当にわかったことにはならんやろ？」と言われたことが強く印象に残っている。

まつりに参加させてもらうなかで、舞台裏で働く若衆の姿や人行事の難しさ、曳山の重さなど、外から眺めているだけではわからない曳山まつりを見たり、体験したりすることができた。

観客として見ているだけではわからない長浜曳山まつりを体験するために、みなさんもぜひ總當番ボランティアとしてまつりに参加してみてはいかがだろうか。

コラム

夕渡り　夜の町を練り歩く役者に歓声

滋賀県立大学人間文化学部大学院　二回生　中川　永

私は、平成二十四年（二〇一二）、猩々丸《しょうじょうまる》の夕渡りに参加した。ここではその流れを追いながら、夕渡りについて紹介する。

夕渡りが始まるのは十九時頃からである。空はすっかり暗くなり、夕方というより夜であったが、灯籠《とうろう》や若衆が持つ提灯に灯された火が何ともおごそかな雰囲気を演出している。

私は、「はさみ箱」とよばれる道具箱を担ぎ、役者たちについて歩く「はさみ持ち」を務めた。これが思いのほか重く、油断するとすぐにふらついてしまう。しかしながら、ペアを組んだボランティアの長浜バイオ大学の学生は楽々と担いでおり、果ては後輩たちから「落として壊しちゃいけませんよ」と言われる始末であった。

さて、いよいよ夕渡りの始まりである。しかし、猩々丸の行列は動かない。始まらない。夕渡りでは八幡宮から各町までをゆっくりと歩く。道中では役者が何度も立ち止まり見得を切るなどのパフォーマンスをおこなうため、まさしく〝のんびり〟というのがふさわしい進行なのである。

猩々丸は二番山であったが、夕渡りでは四番山から動き始める。四番山の出発は十九時だったが、出発したのは二十時近くであった。

役者が八幡宮の鳥居を出てすぐの場所で、さっそく行列は立ち止まった。私は最後尾で歩いていたため、まだ境内を出ていなかった。

集まったお客さんの大半は、観光客というよりむしろ地元の方々のようで、普段と違う子どもたちの華やかな出で立ちや見得を切る様子に歓声が集まっていた。

役者のなかでも、最も歓声を集めていたのは弁慶だ。猩々丸の外題《げだい》は演目が「御所桜堀川《ごしょざくらほりかわ》夜討《ようち》　弁慶上使《べんけいじょうし》の段」であり、やはり主役に相応しい威風堂々とした姿である。その弁慶が、刀を抜き体を大きく使って見得を切ると、周囲からは「日本一！」などといった大きな歓声と掛け声が飛び交うのである。

何度もおこなわれたパフォーマンスのときは、私たち学生ボランティアにとって休憩時間である。私だけでなく、大きな槍や旗を持った学生たちは束の間の一息を入れながら、前方から聞こえる歓声を聞いていた。私も役者の姿を見たかったが、列を乱すわけにもいかず、次の移動に備えた。来年はぜひ見たいと思う。

その後、四、五回ほどパフォーマンスはおこなわれた。駅前通りを越え船町組の会館に集合すると、猩々丸の夕渡りは終了である。気がつくと時計は二十三時をまわっていた。

以上が、夕渡りの大まかな流れである。

最後に、人行事として曳山まつりの「内側」から夕渡りを見た印象に触れていきたい。

結論からいうと、夕渡りはまつりにおいてオマケ的な存在、すなわちスピンオフに位置づけられるものではないだろうか。というのも、神事という視点から曳山まつりを見たとき、役者が夜の町を練り歩く必要はないと思われるからだ。

夕渡りを必要たらしめているのは、なにより曳山まつりを運営・サポートする人々の熱意にほかならない。長い伝統という重責と緊張のなか、その年のまつりも半ばを迎えた頃、大人たちも役者たちも、この機会に一息を入れ、また翌日への活力とするのではないだろうか。こうした意味で、夕渡りは住民の人々にとっての憩いのひとときなのだと思う。

見得を切る鳳凰山の役者（H24.4.14 19:51）

調査成果の発表

滋賀県立大学人間文化学部　三回生
井上共世

四居家でのワークショップ

まつりが終わり調査も一段落した平成二十三年十月頃、調査にかかわった学生を中心にワークショップを開催することが決定した。このワークショップには、二つの目的があった。一つは、調査でお世話になった山組の方をはじめとする長浜の方に調査の成果を報告すること、もう一つは長浜を訪れる多くの観光客にも、こうした地域と大学という教育機関による提携事業がおこなわれているということを広く伝えることである。

ワークショップをするにあたり、学生と先生とで会議をおこなった。会場は駅から近く観光客も多くて山組の人も気軽に来られる所がいいということから、湖北観光情報センター・四居家《よついけ》に決定した。しかし、一番重要なワークショップのテーマがなかなか決まらず、何度も会議を繰り返すことになった。

　会議を重ねるなかで、

「筆頭や役者方など、ある特定の役割に焦点を当てたものをテーマにしてはどうかな？」

と意見が出た。その意見にまわりも同調し、テーマが決まりかけたが、

「それは今まで自分たちがしてきた調査では無理なのでは？　追加調査は時間的にも大変だし、今まで調査してきた意味がなくなってしまうよ」

と反論が出たため、再び一から考え直すこととなった。しかし、なかなかよいアイディアが出ず頭を抱えてしまった。そんな姿を見た先生から、

「もう一度自分のフィールドノートを見直して、自分たちが調査してきたことを思い出してから会議をしなさい」

と助言がされ、学生たちでもう一度フィールドノートを見直すことになった。後日の会議で、「調査をしたからこそ見ることが

ワークショップのパンフレット表紙

できたまつりの姿」を紹介したいということで意見がまとまり、テーマとして決定した。同時に、題名は「～滋賀県立大学生による曳山まつり調査～よいさ！　よいさ！　潜入！　長浜曳山まつりの舞台裏」に決定し、本格的に内容を話し合っていくことになった。

ワークショップでは、ポスターセッションを午前と午後の二回することになった。長浜曳山まつりにおいて、「シャギリ」と「狂言」と「曳山」は重要だからはずせない。また、普通の人は経験できない「裸参り」を経験できたことは珍しいことだから、発表する価値がある。ということから、この四つについてまとめていくことになった。

テーマとポスターセッションの内容が決まり、パネルの作成を開始した。パネルを作る際には、文字をあまり詰めすぎないこと、山組の人たちの顔が正面からはっきりとわかってしまうような写真を使わないことに注意した。パネルが完成したあとは、それをもとにポスターセッションの原稿を作成する。ワークショップ当日と同じように発表者が読みあげる練習もし、先生と学生たちで発表時間を計りながら内容の調整をしていった。原稿を読んでいる発表者たちの顔はかすかに緊張しており、ワークショップの何日も前から気合が入っているのが見てとれた。

十二月十八日のワークショップ当日、午前の部では「裸参りについて」と「狂言中の曳

四居家でのワークショップで説明をする学生（H23.12.18 11:27）

四居家でのワークショップを終えて、記念撮影（H23.12.18 ）

山」についての発表がおこなわれ、観光客を中心に人が集まった。長浜曳山まつりをよく知らない観光客が多かったため、まつりの基本知識について質問され、概要から説明することが多かった。午後の部でおこなった「シャギリ」と狂言稽古中の役者の様子についての発表には、山組の人たちが多く来てくれた。山組の人からは、ポスターセッションの内容と関係なく、シャギリの女性参加についてどう思うか、学生としてこれから曳山まつりにどうかかわっていきたいか、などの質問がされた。また、これからのまつりを意識した発言やまつりに対する熱い思いも語られ、充実した時間となった。

ポスターセッション以外の時間にも観光客や山組の人が訪れ、ときには笑いながら興味深そうにパネルを見ていた。最終的に七十人近い人が足を運んでくれ、滋賀県立大学生にとって大変有意義な時間を送ることができたように思う。

楽衆塾《がくしゅうじゅく》ワークショップの準備

ワークショップの約一ヶ月後、伝承委員会が主催している楽衆塾でもワークショップをおこなうことになった。伝承委員会とは、長浜曳山文化協会の下部組織の一つで、曳山狂言の伝承・執行に大きな役割を果たしている組織である。楽衆塾は各山組の若衆を対象に曳山博物館でおこなわれている勉強会のことだ。

一月二十日、楽衆塾での発表について曳山博物館で会議をおこなった。会議には、伝承委員会の方が五、六人と武田先生、学生の代表として私が参加した。学生たちに何を発表してもらうかは、実際にワークショップのパネルを見ながら話し合った。パネルを見た委員の人たちは「面白いな、これ」や「へぇ～」などさまざまな反応を示しつつ、パソコンにうつされたパネルのデータに釘づけとなっていた。パネルを一通り見た委員の人が「発表はパネルをもとにしながらおこなおう」と言ったため、楽衆塾でもそれらを使用しながら発表することになった。

　内容が決まってからも委員の人たちはパネルを見続け、ときおり笑ったり同意するかのようにうなずいたりしていた。委員の方の一人が顔をあげ、

「まつり期間中学生たちが調査していたことを知らない若衆もおるから、楽衆塾での発表は調査について知ってもらういい機会になりますね。それに、学生たちの意見を聞くことは若衆にとってもプラスになる」

と言うと、周りの委員の方もうなずいた。

「調査をした学生たちのまつりに対する素の感想も聞きたいですね。」

「そうですね。調査をした学生は女性の方が多いし、滋賀県出身者はほとんどいないですからねえ」

と先生も委員の方の意見に同意すると、それを聞いた委員の方々は、

「ほうなんやあ。それならまつりに深くかかわる女性はなかなかおらんから、若い女性としての意見も聞きたいなあ」

と笑顔で言った。その言葉に全員でうなずいたあと、委員の方が思いついたように、

「学生たちから若衆に対して質問、若衆から学生に対して質問をする時間を取り入れたら面白いんじゃない？」

と提案した。「おおっそれは面白そうだ」と盛り上がり、質問の時間を取り入れることとなった。

その後、「若衆からどのような質問が出てくるか楽しみだ」と先生や委員の方々が話しているなかで、急に委員の方が私に、

「長浜にお嫁に来たいか、という質問とかどう？　実際どう思う？」

と話を振ってきた。その答えにしどろもどろになり顔が真っ赤になってしまった私を見た委員の方たちは、

「めっちゃ顔真っ赤になってるやん！」

と大爆笑した。終始会議は和やかな空気のなかでおこなわれ、最後に、学生から若衆への質問は一度委員会の人が確認することを取り決めて会議は終わった。

そして後日、楽衆塾に来ることができる学生を確保し、若衆への質問を考えた。楽衆塾に来られる学生は私を含めて六人であり、質問は一人一つすることとなった。また楽衆塾のための原稿も一人一枚作成し、楽衆塾に備えることとなった。

ワークショップ当日

二月二十五日、学生たちは楽衆塾の開始時間の一時間半前に曳山博物館へ集合し、軽く打合せをした。打合せのときから私たち学生の顔には緊張の色があり、打合せ後は先生が差し入れてくれたパンを食べつつ各自原稿をぶつぶつと呟きながら読んでいた。気がつくと楽衆塾の開始十五分前となっていたので、私たちは楽衆塾のおこなわれる伝承スタジオへと移動した。移動中、緊張している私たちを見た委員の方々が笑顔で「そんな緊張せんでもいいよ。がんばろうね」と声を掛けてくれた。伝承スタジオへ入ると、すでに何人かの若衆たちが集まっており、楽衆塾開始時には約四十名近くが私たちの発表を聞きにきていた。

楽衆塾が始まるとそれまで談笑していた若衆たちが一瞬で表情を引き締めた。開会の挨拶が終わり学生たちの発表が始まると、発表内容に対してうなずいたりプロジェクターでうしろにうつしたパネルを見て隣の人と軽く笑ったりとさまざまな反応をしていたが、私を含めた学生六人の発表が終わるまで真剣な顔で発表を聞いていた。学生たちは緊張して多少早口にはなってしまったが、しっかりと発表をおこなった。

学生たちの発表が順調に終わり、まず学生たちから若衆へ質問した。学生が「外から長浜に来て山組に入った人は、若衆入りしてからまつりに対する思いはかわったか」という質問をした。その問いに、ある山組の若衆が「長浜に引っ越す前に奥さんにすごく反対されたが、今では認めてくれるようになった」と答え、それを聞いたほかの若衆の間から笑いが漏れた。

その後も学生たちがいくつか質問すると、ほかの若衆から推薦された人が答えたり、積極的に手を挙げて答えたりしてくれた。そして、ある学生が観光客との折合いについて質問をすると、伝承委員の人が「昔ある山組が観光客とトラブルを起こしてしまいそのことが少し問題になったが、その山組が自分たちがしているのは神事だと答えたためにその問題は不問となった。観光客は神事だとは思っていないかもしれないが、自分たちは神事だ

楽衆塾参加者の集合写真、若衆と写る教員と学生（H24.2.25 20:50）

と思い、誇りをもちながらまつりをしている」と説明した。それを若衆たちは大きくうなずきながら聞いており、みんな同じ思いを持ってまつりを運営している様子が見てとれた。

次に若衆から私たち学生への質問の時間となったが、なかなか質問の手が挙がらなかった。何回か委員の方が「何か質問はありませんか」と聞くと、ある若衆が大きく手を挙げて「長浜にお嫁に来たいか?」という質問をした。先輩や私が「結婚したらまつり期間中は大変だと思うし……」や「お金も体力的にもすごい大変だからごめんなさい」と素直に答えると、若衆たちから大きな笑いが起きた。ほかの学生たちも「まつりの間がんばっている姿はすごくかっこいいと思うから結婚はありです」

など素直に答えているのを若衆たちは真剣な顔をしながらも楽しそうに聞いていた。

次に「観光客の人に伝えたいまつりの魅力はどこか?」という質問があった。これに対して学生たちが「狂言中に若衆たちが子どもたちに掛ける声」や「シャギリ」と答え、若衆たちは「なるほど」とうなずいたり、真剣な表情のまま聞いていたりしていた。しかしある学生が「一番初めの狂言と千秋楽《せんしゅうらく》だけを見て、子どもたちの演技の上達ぶりを見る。その間のまつり期間中には竹生島《ちくぶしま》や彦根城など長浜周辺の観光をする」と答えたとき、若衆たちは全員顔を緩めて笑っていた。

ここで質問の時間は終了し、伝承委員の人たちの終わりの言葉で楽衆塾は締められ、最後に記念としてその場にいる全員で一緒に写真をとった。

ワークショップや楽衆塾での発表をとおして、調査のことを知らなかった山組の人たちにも調査について広く知ってもらうことができた。調査当初私は山組の人たちに対し、まつりに真剣で少し怖いというイメージを持っていた。しかし、今回山組の人たちと意見交換をしたことで、調査ではかかわれなかった山組の人とも交流を深め山組の人たちの優しさに触れることができ、よい経験となった。

コラム

狂言における「形」

滋賀県立大学人間文化学部大学院　二回生　王　京徽

平成二十四年（二〇一二）四月十四日と十五日、私はボランティアスタッフとして長浜曳山まつりに参加することができた。外国人留学生として日本中に人気のあるまつりに加わることができて、とても嬉しかった。

稽古を見学させていただいた壽山《ことぶきざん》の狂言の外題《げだい》は、「小磯原雪柵《こいそがはらゆきのしがらみ》　お静《しず》と礼三郎《れいざぶろう》」である。そこには、こんな場面がある。お静が雨のなか夫の礼三郎を迎えに行くと、夫は叔父の六郷と話をしていた。六郷は家を出た礼三郎に、家に戻って家督を継ぐことを命じる。礼三郎が自分と別れて本宅に帰るのではないかと心配するお静が、「それでお前に帰って来いと？」と礼三郎に聞く。

「帰れとはどこへさ？」と礼三郎が問う。

「柳沢様の御本宅へさ。」お静が悲しそうな顔で横を向く。

「馬鹿言え、お前に別れて行かれるものか。」

この答えを聞いたお静は顔を見合わせ、表情も晴れてくる。

「さあ、帰ろうか」とお静をうながす礼三郎。二人が一緒に退場するが、途中でもう一度顔を見合わせ、軽くうなずいてから前へ進む。

この場面にはお静の女性らしさが十分に表れていた。この一連の動作は、子どもたちがまつりの半月以上も前から頑張って稽古した結果だ。台詞を覚え、舞台に立って演じて、その練習の繰り返しのなかで、だんだんと人物の「気持ち」をあらわす「形」を入れていくのだ。その一つひとつの「形」から、「女心」がうかがえた。

まつり当日、現場の観客の反応から見ると、「美しい」と思われる方もいれば、「可愛い」と思う方もいらっしゃった。また、子どもたち

右端が調査中の筆者（御旅所付近　H24.4.7　15:06）

の「大人らしい」演技を見て微笑んだ方もたくさんいらっしゃった。外国人としての自分には、観客の表情を見ることはとても面白いことだった。「美しい」「可愛い」「面白い」と思うシーンが、人それぞれ違うということがわかった。子ども狂言の稽古を見学した自分には、子どもたちの「形」の把握の成長に驚きながら、やはりうまく読み取れない「形」に迷うこともあった。狂言のなかにお静が首を振って泣くシーンが何回もあった。中国の京劇しか見たことのない私にとって、女性が泣くときは服の長い裾《すそ》やハンカチで涙を拭くのが普通だった。なぜ「首を振る」ことが、「泣く」を想起させるのか、とても理解できなかった。

しかし、本番になると、私も無意識に「悲しむ」という「気持ち」と、「首を振る」という「形」をつなげて理解することができるようになった。

よく考えてみると、日常のなかで女性が泣きだすときハンカチを出して涙を拭くというのは北京でも普通ではない。涙を拭くのも首を振るのも「形」であって、普段の生活とは違うが舞台に上がると意味が付与される。そして見る人と演じる人の間の暗黙の了解があって初めて「形の美しさ」というものが成り立つのだ。お静が軽くうなずくことも、首を振ることも、観客が心のなかで「女らしさ」や「悲しさ」とつなげていかないと、ただの意味のない動作になってしまい、「美しい」とは思えないだろう。

私は心のなかでこのように納得し、ようやく「首を振る」ことを「美しい」と思えるようになった。ただ観客と同じシーンを見て、自分が真面目に美しさを考えているのに、観客が微笑んだのを見ると、また自分の感覚が観客のとはズレているように思った。

子ども狂言は、「形」を楽しむだけではない。子どもだからこそ面白いということもあるとわかった。観客の「形」に対する固定化した感覚を利用して、「形」の意味を十分知らないと思われる子ども役者に「大人らしく」振舞わせることで、観客は倒錯感を体験する。そこから「美しい」だけではなく「面白い」「可愛い」という気持ちが生じるのだろう。

そもそも「形」に対する感覚が文化的に違う自分にとっては、子ども狂言を楽しむのはなかなか難しいことだった。しかし、「形」のニュアンスを少しずつ身につけることも、また異文化理解の醍醐味だと思った。

III

曳山まつりの現在を考える

長浜の都市景観のなかの曳山

狂言の現在

滋賀県立大学人間文化学部大学院　卒業生
小林　力

江戸時代から続き国指定重要無形民俗文化財の狂言と聞けば、昔ながらのしきたりのもとおこなわれていると思うかもしれない。かくいう私がそう思っていた。しかし、狂言を間近で見てみると、必ずしも伝統的な考えだけで運営されていないことに気づく。ここでは、筆者が調査をおこなった平成二十三年（二〇一一）の諫皷山《かんこざん》を中心に、現在の狂言がどのように上演されているのかを具体的に紹介していきたい。

外題の決定

曳山まつりの子ども歌舞伎は狂言ともよばれ、五歳から十二歳の男子約五人によって、曳山の舞台でおこなわれる芸能だ。山組は三年に一度出番がまわってくるが、出番のたびに外題《げだい》を一つ掛ける。外題は歌舞伎をもとにしたものが多い。制限時間が四十分と決められているため、振付は原作を短縮して長浜曳山まつり用の外題を作っている。

外題は前年の十一月から年明けにかけて山組と振付の協議によって決められる。山組が具体的な外題を希望することもあれば、「女形が多く華やかなもの」のようなイメージを伝え、それをうけて振付が提案することもある。また、振付が実際に指導できる外題とのかね合いもある。外題の選び方は山組によってスタンスが異なり、自分の山組でかつて上演したことのある外題は選ばないようにするところもあれば、以前上演して好評だったものを選ぶ山組もある。年によっても選ばれる外題に特徴があり、放送中の大河ドラマに合わせたり、不景気のときは太閤記《たいこうき》物を選んだりする。他方、観光客を意識して外題を選ぶこともあり、これは長浜の観光化が盛んになった近年の傾向といえる。

上演の順番

本日の上演の順番は十三日の籤《くじ》取り式で決められる。一番山《いちばんやま》から四番山まであるが、諫皷山の場合、表向きは一番山を望んでいるが、本心では四番山を期待しているという。「籤取人として引きたいのは一番山。でも四番山なら御旅所での狂言のときに時間が遅いから曳山にヒ（灯り）が入ってきれいに見えるやろ。しかも時間が遅いと家族連れで見にきてくれるから客も多いしな。見てもらうという意味では四番山や」とある若衆は語ってくれた。実際、平成二十三年の諫鼓山は四番山になり、わざわざ町内放送を流すほど喜んでいた。

狂言の進行

狂言を上演するにあたり、山組ではたくさんの準備をするが、大きく分けて狂言に関するものと、曳山に関するものがある。狂言のおもな準備は、役者の化粧・鬘《かつら》の装着・着付け・仕掛けや小道具の準備が挙げられる。諫鼓山では、これらを顔師・鬘屋・衣装屋、そして若衆が担当する。若衆は役者が化粧や衣装をいじらないようにかたわらで見張ったり、役者が待ちくたびれて飽きないようにゲームに付き合ったりしていた。一方曳山の準備は、曳山を山蔵から出して所定場所に据えつけたり、幕や照明を設置したりする。これはおもに中老が担当する。役割分担は山組によって大きく異なる。

狂言の進行は、つぎの通りである。

・役者が顔見せのために曳山の舞台に出ると、囃子方が「御遣り《おひや》」を演奏する。

・顔見せが終わり役者がいったん楽屋に戻ると、囃子方は曲を「奉演間《ほえま》」にかえる。

一番山の狂言開始前に三番叟を舞う（H23.4.16 19:05）

・上演の準備ができると、囃子方は「奉演間」を止めて「出笛」を演奏する。

・「出笛」が吹き終わると出三味線と浄瑠璃が始まり狂言が始まる。なお、平成二十三年の諌鼓山は三幕で構成されていた。

・狂言が終わると、囃子方が「神楽《かぐら》」を演奏するなか、役者と舞台後見が舞台で挨拶する。

なお、一番山では「奉演間」のあとに三番叟が舞われる。また、山組によっては舞台方による口上が「出笛《でぶえ》」の前かあとにおこなわれる。口上はたいてい「一座高う御座りまするが、口上なもって申し上げ奉ります。……」で始まり役者の紹介をする。口上を取り入れる山組は近年増えつつある。

進行の特徴に、囃子方による演奏が上演の

開始と終了の合図になっていることが挙げられる。ほかに、芝居が複数の場面で構成されていてテンポよく展開していること、そして、役者が開始前と終了後に舞台上で顔見せすることも特徴といえるだろう。

狂言の表と裏

狂言は図1のように七つの部分（A～G）が合わさり上演されているが、観客からは基本的にA～Cの部分しか見ることができない。

Aの舞台周りの若衆にはいくつかの役割がある。一つ目は、掛け声（「大向《おおむこ》う」ともいう）を掛けたり拍手をして盛り上げることだ。掛け声にはさまざまあり、役者が登場する場面では、「よっ、○○（役者の本名）」「待ってました」「○○（役名）頼むで」、役者の見せ場では「たっぷり」「○○（役名）ばっかり」「よくできました」「大当たり」、恋人同士の掛け合いの場面では「ご両人」「（女性役を）大切にしろよ」、出番が終わると「お疲れ様です」などと言う。若衆の掛け声で、観客は芝居の内容を理解し、場が盛り上がる。二つ目は、花道を下から支えて役者が歩きやすいようにすることだ。まさに縁の下の力持ちである。三つ目は、楽屋を目隠しする花道幕を押さえて風でひるがえるのを防ぐこと、四つ目は、大道具などを曳山に設置することだ。しかし何より彼らの存在は役者たちの心の支えになっていた。若衆たちは不安気な役者たちを温かい表情で見守っていた。ときには一緒に台詞を口づさみ、うまく言えたら精一杯声援を送っていた。若衆らも不安でしょうがなかったのだろう。花道を握る手がこわばっていた。

D〜Gは観客から見えない部分だ。亭《ちん》（D）は囃子方が演奏する場所である。ここに太鼓を置き、楽屋にいる舞台後見から指示を受けて演奏する。亭は狭く、諫鼓山の場合、六人程度しか入ることができない。また、男性しか上がれないため、女性はCの場所でシャギリを演奏することになる。

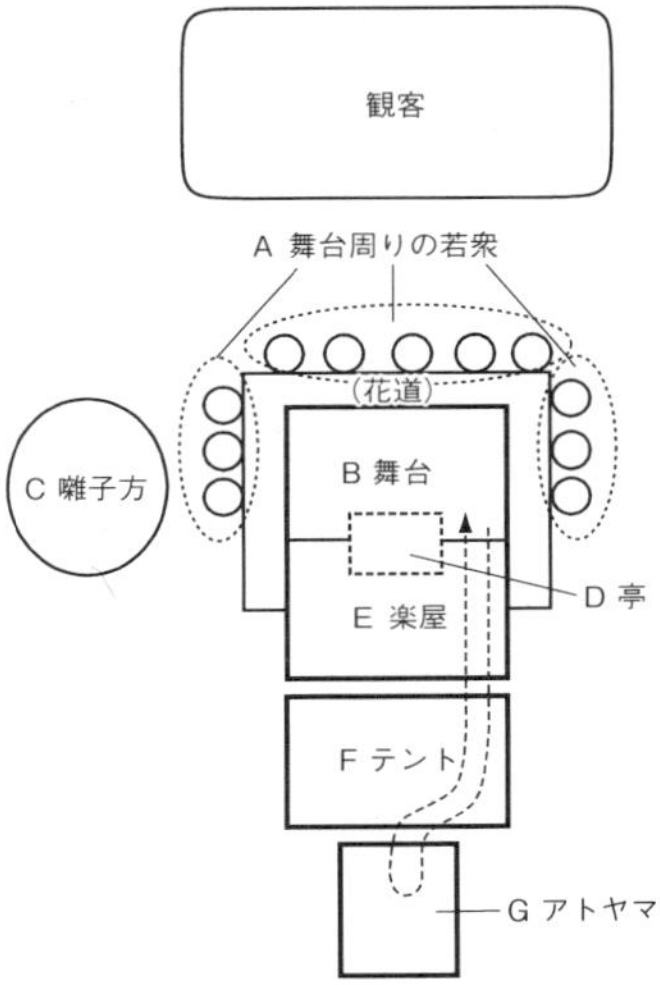

図1　狂言の上演模式図（諫鼓山を例に）
点線矢印は役者の導線

楽屋（E）では太夫《たゆう》と三味線が演奏している。舞台と楽屋を仕切る舞台障子は御簾《みす》になっていて、外から楽屋の様子は見えないが、楽屋からは外が見える。太夫と三味線は舞台障子越しに役者の動きをじっと見ながら演奏する。

さらに楽屋には舞台後見も控えていて、狂言進行の指示や役者の入退場の補助、舞台上での役者の着がえや動きの補助、ツケや拍子木《ひょうしぎ》・木魚《もくぎょ》・烏笛《からすぶえ》・鶯《うぐいす》笛などの鳴り物の演奏、花吹雪などの仕掛けの操作、幕や照明など舞台飾りの整備、舞台上の掃除などをする。目まぐるしく立ちまわる彼らであるが、役者への気づかいは忘れない。私が調査した四月十六日はとても寒く、舞台後見は、狂言前の役者の顔見せの時間を極力短くしようとしていた。中老から「まだ出さへんのか」との声が掛かっても「寒いからまだ出しません」と拒否していた。若衆の花形というイメージを持つ山組もあるという。そして楽屋は役者にとってリラックスできる空間でもある。出番が終わり楽屋に戻ってくると役者は安堵の表情を浮かべる。

Ｆのテントと Ｇのアトヤマは役者の衣装がえや化粧・鬘の直しをする場所である。諫鼓山の場合、まず若衆の役者係が役者を曳山から抱え下ろし、衣装屋がいるアトヤマまで連れていき衣装をかえてもらう。終わるとすぐにテントで鬘を直し、最後に顔師が全体を確認して、役者係が役者を曳山に抱え上げる。すべての作業を三分足らずでおこなわなければならないため、極めて迅速に進める。顔師が「早くこっちへ連れてきて」「はい（曳山に上げて」と役者係に指示を出して役者を動かしていく。役者はただされるがままに衣装を

［前頁写真］役者が歩く花道を下から支える春日山の若衆（H23.4.16 16:40）

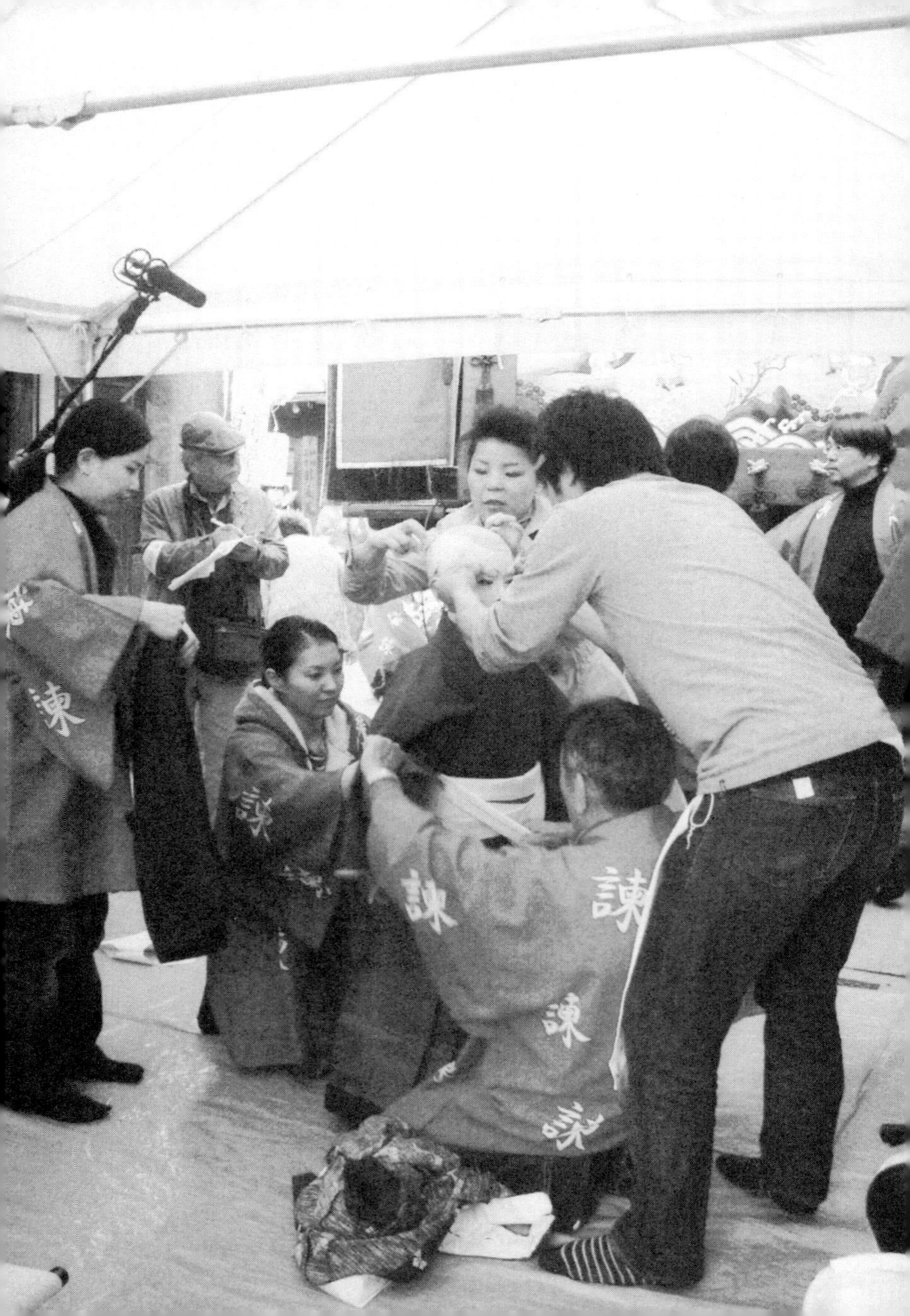
諫

かえられていく。いつもはやんちゃな役者たちも、このときばかりは周囲の雰囲気に圧倒されるのか、ふざける子はいない。

まつり中の狂言の改良

まつりの最中にも狂言は改良されていく。外題によって役者の動き方や衣装、演出が違うため、長年曳山まつりを経験している若衆や衣装屋などもまつりの開始当初は皆不慣れで、役者登場のタイミングが遅れてしまうこともあった。その際は振付がすかさず舞台後見に注意していた。舞台上の華やかな芝居とは反対に舞台裏は大変緊迫している。上演が終わるたびに若衆と、顔師、鬘屋、衣装屋らは話し合い、動線や手順を改善する。その結果、初日には衣装がえと化粧・鬘の直しを一斉におこなっていたが、二日目以降はまずアトヤマで衣装がえをし、その後テントで鬘・化粧の順に直すようになった。

上演を重ねるうちに、大人だけでなく役者も手順や動線を完全に把握してくる。役者は次第に指示される前に動くようになり、みずから小道具を用意するようになっていた。これには舞台後見も驚き、「あいつら凄いな。出番が終わったら自分らで勝手にバーッて曳山を下りよる。でも慣れてきた頃に（まつりは）終わる」と言っていた。

［前頁写真］諌皷山　役者の衣装がえ、化粧・鬘直し（H23.4.13 17:46）

こういった工夫や改良が積み重ねられ、初日と最終日ではずいぶん大きな違いが見られた。役者も終わりの頃には、表情も柔らぎとても生き生きとした演技をするようになっていた。

ヤマの芸

山組にはヤマの芸という言葉がある。曳山で演じられる芸という意味だけではない。中老によると、曳山がきれいに見える芝居をヤマの芸とよぶらしい。そして、曳山がきれいに見えるには曳山の構造を活かした芝居をすればよいという。ここで少し舞台の構造について見ていきたい。

曳山の舞台は約四畳半の広さで、舞台の奥には一畳ほどの一段高い上段が設けられている。舞台は高欄《こうらん》によって囲まれ、さらにその外側を花道が囲う。高欄は前面中央に開口部があり、花道から舞台に入れるようになっている。

楽屋・舞台の上段・下段・花道は場面によってさまざまな意味づけがされる。屋内の場面なら、楽屋は奥座敷、上段は上段の間、下段は座敷や土間、花道は廊下や縁側になる。屋外の場面なら、楽屋は家屋内、上段は縁側、下段は庭や門口、花道は道路となる。たとえば屋外から客が来た場合、客は花道（道路）を通って舞台（庭）に上がる。そして、家の者が楽屋（家屋内）から出てきて、上段（縁側）で客を迎えるといった具合である。

こうした曳山の構造をうまく活かした芝居をすることを望み、衝立《ついたて》などを置いて舞台障子の絵や柱の装飾を隠すことを嫌がる人は中老に多い。彼らは単に芝居がよくてもヤマの芸とはいわない。曳山と芝居が調和して美しく見えたとき初めてヤマの芸という。

中老は曳山の維持管理を中心となって担う組織である。丹精込めて管理している美しい曳山を見てもらいたいと、おのずと曳山を中心に考えるようになっているのであろう。それに対して、若衆や振付は狂言を直接執行する人たちである。観客に喜んでもらい、どこよりも注目を集める芝居にしたいと、狂言を中心に考えるようになっているといえる。

認識の違いがあるからといって中老は若衆に価値観をあまり強要しない。ある山組の筆頭は「曳山は中老に、歌舞伎は若連中（若衆）にと完全分業。お互い口出ししない。中老も若い頃やってたから歌舞伎について口出ししない」という。このことは、民俗芸能の技術や価値観が上の世代から下へ伝えられるものと思っていた私にとって意外であった。

現代的な演出

狂言の台詞には、現代的な台詞がちりばめられている。たとえば、諫皷山の外題は江戸時代の設定であったが「お邪魔虫《じゃまむし》」といった現代的な言葉が使われていた。また、月宮殿では「石川遼」といった有名人の名前を入れていた。かつては多くの人がラジオや漫画で歌舞伎を親しんでいたので、歌舞伎独特の言葉遣いを理解できる人が多かったが、今は歌舞伎を知らない人が多くなったため、そういう人にでもわかる芝居をしなければならないのだろう。

変化する民俗芸能

狂言を調査していると、伝統的なしきたりだけでなく、新しい試みがおこなわれている場面に多々出くわした。それは、出番山のたびに異なる狂言をするため、演出や衣装がえなどで違う方法を採らなければならないというまつり自体の性質によるところが大きい。そのほかにも、観客の歌舞伎に関する知識が少なくなったことや長浜の観光地化というような世の中の変化が、演出方法に影響を与えていた。

しかしどんなに方法をかえようとも、その根底には、美しい曳山で、可愛い役者たちが演じるすばらしい芝居を多くの人たちに楽しんでもらいたいという強い気持ちがつねにあった。

私事だが、震災直後、被災地出身の私へ山組の人たちからまつりの中止についてどう思うか尋ねられたことがあった。私が言葉に窮していると、「子どもたちが一所懸命やっているのにまつりがなくなるのはなあ……」、「狂言で元気づけられたらなあ……」という言葉が続いた。

まちなかの変容と山組

滋賀県立大学人間文化学部　卒業生
高木　唯

私は幼少期を長浜で過ごし、十年ほど市外に出たあとにまた長浜に戻ってきた。小学生の頃は、長浜と聞いてイメージするのは大通寺《だいつうじ》や曳山まつりなど長浜のまちなかの風景だった。まちなかというのは、長浜の旧市街地のことで黒壁周辺や山組の範囲と重なる。そのため春には、学校帰りにまちなかへ曳山まつりを見にいったこともある。今でもまちなかを通ると幼少期のことが思い出され、なつかしい気持ちになる。しかし、休日の昼間はとくに黒壁を中心に観光客で溢れ、地元であるはずなのにまるでどこかの観光地に来ているような錯覚に陥ることがある。それほど、時間帯や場所によって長浜のまちなかにはギャップがある。

長浜に戻って三年ほどたった頃、滋賀県立大学が長浜曳山まつりの調査に参加するという話を武田先生から聞いた。私は長浜市中心市街地の郊外化について卒業論文を書く予定だったので、まちなかに住む人々の生の声を聞ければという思いから曳山まつりの調査に参加した。そのなかで「長浜曳山まつりの舞台であるまちなかが観光地として有名になるなかで、まつりになにか変化や課題は出てきたのだろうか」と思うようになった。その手がかりとして山組と都市の関連性を考えたのである。

衰退から復興へ向かうまちなか

長浜のまちなかの変化は、大きく分けて、商店街の衰退、黒壁によるまちづくりの二つによるところが大きいと思う。長浜はもともと湖北の商工業の中心地であり、大きな出費をともなう曳山まつりを毎年執行できるほど、人も資金も豊かなまちであった。しかし戦後の不況や、その後大型スーパーが郊外へ進出した影響もあり、一九七〇年代以降まちなかからどんどん人や店が減っていった。のちにまちなかを視察した黒壁関係者は、「通りを通ったのは、犬一匹と人四人」という感想を述べたほど当時のまちなかの寂れ具合は凄まじかったようだ。

そんな危機的状況のなか、まちなかの商店街や青年会議所によって、さまざまなまちなか活性化の取り組みがおこなわれた。そのうちの一つに「博物館都市構想」というものが

曳山まつりの展示をする曳山博物館

ある。この計画は、「パウワース」（まちなかに建設されていた大型店舗）と「曳山博物館」をまちなかの拠点とし、郊外大型店にも負けないアミューズメント性を持った一大ショッピングモールを作るというものであった。

曳山博物館の建設は、まつり全般におけるしきたりなどの継承問題やまつりの人員と経費の問題など、曳山まつり存続の危機を指摘した青年会議所によって提唱された。青年会議所は山組の協力を得て、裸参り、山曳きといった曳山行事に参加し、まつり期間中の茶席の設置や一時廃止されていた商店街内の桟敷席を復活させるなど、山組や曳山まつりの行事に積極的にかかわりをもった。また専門家を招き曳山文化について学んだり、全国の曳山会館の実態を調べたりするなど、曳山博物館建設に向けた活動をおこなった。それほどに、曳山博物館は青年会議所をはじめとしたまちなかの人々にとって、まちなか復興の起爆剤として期待されていたのだ。現在でも観光客をメインとした博物館という役割だけでなく、山組の集会場所やまつり関連のワークショップの場としても曳山まつりの継承に大きくかかわっている。

観光地になったまちなか

博物館構想を中心に商店街のアーケードの整備などまちなかの活性化が図られたが、それまでの策を大きく上回る功績を出したのが、黒壁によるまちづくりであった。黒壁は、国際性・歴史性・文化芸術性という事業コンセプトを打ち出し、ガラス事業を展開していった。会社設立の翌年には黒壁本館、ガラス工房、レストランをオープンし、そのあと空き家・空き店舗の改修に取りかかった。そして、黒壁は現在のような系列店・協力店約三十店舗を擁するまでに至ったのである（図1）。このような黒壁の店舗展開、まちづくりに対し、専門家などはまちづくり会社として高く評価してきたが、黒壁関係者は「最初は本館だけじゃ、人が来ないからいくつか店を増やしていった。目的は建物の保存活用だから、商店街の活性化をしようとか考えていたわけじゃなかった」と語っていた。

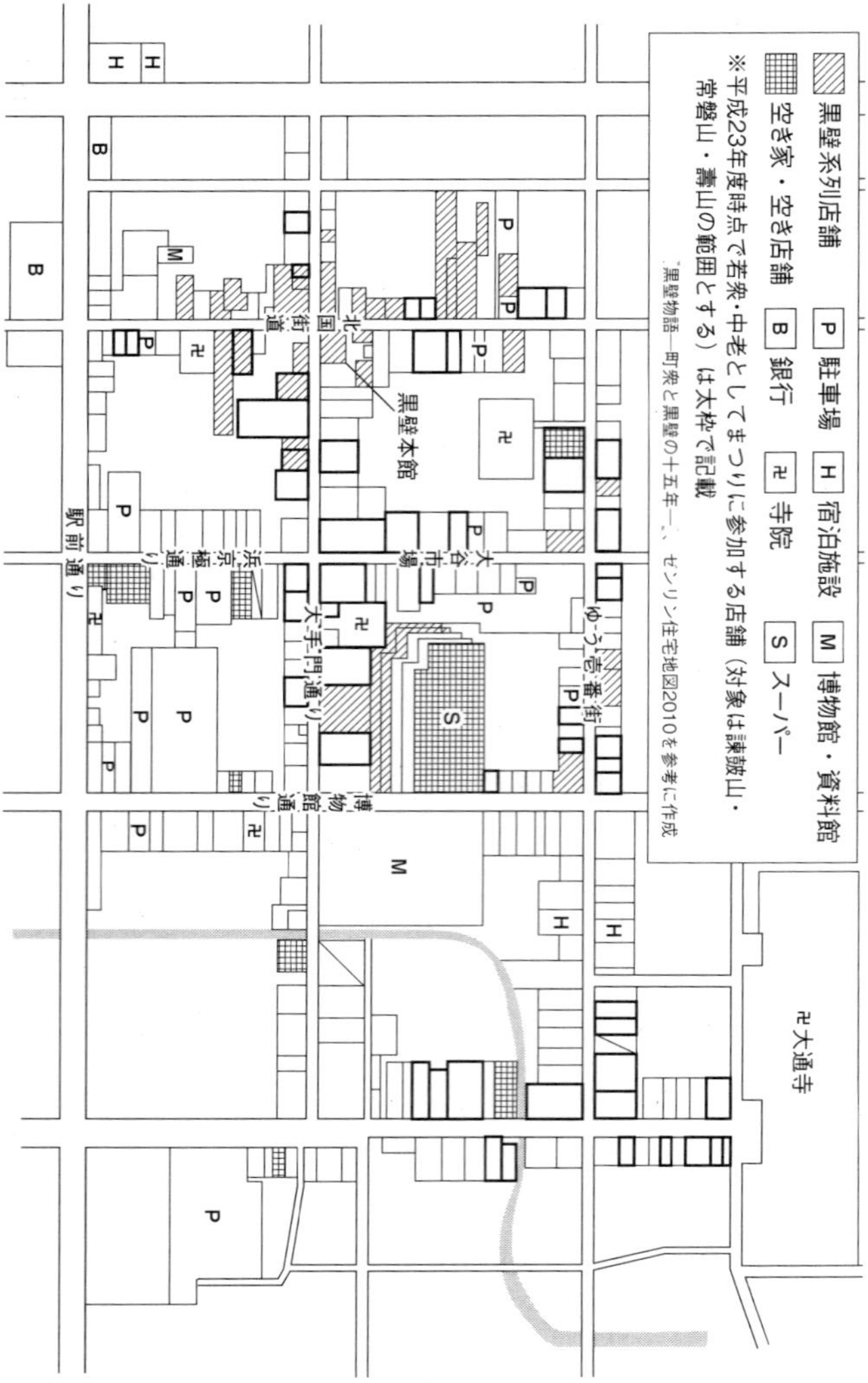

図1　まちなかの建物の機能（平成22年）

しかし結果として、人通りの少ないシャッター通りと化したまちなかは、黒壁によって年間二百万人の観光客が訪れる観光地となった。その一方で、今のまちなかは山組をはじめとした地元の人々にとっては手放しで喜べない状況でもある。図は黒壁周辺を中心としたまちなかの商店街の店舗利用を表している。北国街道は黒壁系列店舗が多く、店舗数の割に若衆・中老としてまつりに参加する店舗は少ない。また全体的に見てもまつりに参加する店舗は少なく、まつりに参加しない店舗や店舗に居住していない経営者が多いという傾向がある。さらに昼間と夕方でのまちなかのにぎわいには大きな差があり、観光施設や観光客向けの店舗が急増した一方、地元向けの夜までやっている店舗は少ない。そのため一日長浜でまつり調査に参加した際は、夕食をとる店が見つからず教員と学生が途方に暮れたこともあった。

とくにまつりを実行するうえで大きな問題となるのが、まちなかに住む人が減ることによるまちの空洞化だ。観光地となったまちなかではあるが、戦後から続く郊外化は進んでおり少子高齢化も進んでいる。つまり、まちなかの空洞化や少子高齢化によって、まつりの人手不足や、まつり継承の問題が年々深刻化してきているのだ。調査中、山組の人たちが「長浜（まちなか）に嫁がないか？」と冗談半分で女子学生に声を掛けていたのも、まつりの継承が困難になりつつあると感じていることが背景にあったのではと今では思う。

子どもがいないというのは、まつりの最大の問題だ。子どもが演じる狂言はもちろん、シャギリにも子どもの参加は欠かせない。実際にまつりを動かすのは、若衆や中老などの大人たちだが、まつりが近づくにつれて子どもの役割は大きくなっていく。まつりの準備期間から役者のために尽くし、わが子の晴れの姿を見るために準備に明け暮れる若衆の姿が印象的だった。子どもはまつりの原動力ともいえるのではないだろうか。

曳山まつりと子ども

子どもの不足に関しては、どの山組も危機感を持っている。三年に一度の役決めの時期までに役者を確保することが若衆の最大の課題であり、さまざまなネットワークを駆使して子どもを探している。現在ではまちなかの子どもが少ないため、まちの外から子どもを連れてくることが多い。昔まちなかに住んでいた若衆の子どもに声を掛けたり、シャギリの練習に参加している子どもから選んだりと子どもの出身は多様化しつつある。また振付の推薦などによって前年にほかの山組として参加した役者を借りてくる借り役者などもいる。ただし若衆のなかでも筆頭などの重責を担う人は、役者経験者が多い。役者経験者は若衆となることが前提となっているため、無秩序に外から子どもを連れてきているわけではない。また、「役者時代狂言の稽古をとおして若衆にお世話になった経験は、自分が若衆になったとき活かされているように思う」という話も聞かれた。つまり役者はまつりの華であると同時に、未来の山組を担う大切な人的資源なのだ。

一方、シャギリは役者よりも外に開かれている印象が強い。自町の子どもの同級生や若衆の知り合いの子どもなど出身は幅広く、また役者と違い女子が参加する山組もある点で、狂言の子ども選びとは大きく違う。調査の一環として、私を含む何人かの調査員の女子学生がシャギリの練習に参加させてもらったのだが、その際若衆の人たちはとてもあたたかく迎え入れてくれた。実際に曳山行事でシャギリの演奏に参加させてもらう機会もあり、山組の一員として見てもらえている、自分もまつりの参加者であると感じた学生も多かったろう。とくに私は長浜が地元なので、大学を卒業した今では「もう○○山所属だよね」とありがたい言葉も掛けてもらっているため、これからも山組の一員としてまつりに携わっていきたいと考えている。

しかし、子どもたちが山組の一員という自覚を持つことは、当然ながら難しい。子どもたちは中学や高校進学を機に部活などが理由でシャギリの練習に来なくなることが多く、なかにはすべての曲が吹けるようになると来なくなる子どももいるようだ。そのため、子どもが少しでも長く、また楽しくシャギリの練習やまつりに参加できるよう工夫がされている。たとえば、シャギリの練習の最後に子どもたちにお菓子を配る、年末には忘年会をかねたお楽しみ会を開くなど、その方法は山組によってさまざまだ。「シャギリの練習は楽しければいい、子どもたちが楽しいから行こうと思ってくれればそれでいい」という声も聞かれた。実際にいくつかの山組のシャギリの練習に参加したが、約一時間から一時間半の練習時間中にみっちり練習する山組は少なく、むしろ休憩時間の方が長いのではと思うこともあった。しかし、それが功を奏しているのか、すべての曲目をマスターしている子どもも練習に参加していたり、たまに高校生が勉強や部活の息抜きに練習に参加したりする姿もよく目にした。

こうして子どもは無意識のうちにまつりに参加するようになっていく。少しまつりから遠ざかっても、ふとしたときにまつりや練習に参加したくなったり、自分の山組が出番のときは学校や仕事帰りであっても参加しようと思うのだろう。今回の調査でも、学校帰りと思われる子どもがシャギリに参加している姿を目にした。まつりが生活の一部になっている、それが〝山組の子ども〟といえるのではないだろうか。

学生調査チームのなかで唯一地元民であった私も、調査が始まるまであまりまつりのことを知らなかった。しかし調査を進めるなかで、実は自分の父親が昔山組の若衆をしていたことが判明したり、調査に協力してくれた人と家が近所だとわかって盛り上がったりと、ほかの学生とはまた違った立場でまつりや山組の人たちに触れることができたように思う。曳山まつりにのめりこむあまり、卒業論文のテーマを卒業半年前に曳山まつりに変更したことや、卒業後は山組に入ってしまったことは、先生と私の間でよく笑い話として挙がる。それほど今の私にとって長浜曳山まつりは魅力あるまつりなのだ。

今年の春にはシャギリでまつりに参加したが、実は就職したばかりということもあってあまり練習には参加できなかった。そのため参加は来年に持ち越そうと思ったが、まつりの前日くらいに「シャギリで参加しないか」とお誘いのメールをもらった。もちろんまだ全然吹けないのでお断りしたが、「吹けなくてもおいで」とあたたかい言葉を掛けてもらい、恥ずかしながら参加することにした。練習にもあまり顔を出さず、そのうえつい最近まで調査員として山組の人たちとかかわっていた私にも声を掛けてくださったことが、まつりに参加できることよりも嬉しかった。この様な山組とのつながりをきっかけに、少しずつではあるが、まちなかの人ではない子どもや若衆も、山組の一員としてまつりに参加する意識や、自分の山組の誇りのようなものを見出してくるのだと思う。

観光地となったまちなかの空洞化という変化がまつりの人手不足、子どもの不足を深刻化していることを伝えたが、私のように何かまつりに縁やゆかりがあって山組の一員としてまつりに参加する人たちが増えれば、少しでも人手不足の問題は軽くなるのではないだろうか。もちろん、まちなかの空洞化を解決するのが近道ではあるが、長浜曳山まつりは地域ではなく、人と人のつながりによって続いていくものであると感じている。

山組の組織と今後

滋賀県立大学人間文化学部　四回生
村松美咲

華やかな狂言のそばで、汗を流しながら動きまわり、そして狂言を見守る若衆たちの姿がある。まつりは彼らが支えている。

ここでは各山組の内部に焦点を当て、山組の運営をおこなう若衆の仕事内容や役割、そして山組の今後の課題について、大手《おおて》町組《ちょうぐみ》 壽山《ことぶきざん》の例を取り上げ、述べていきたい。私は、平成二十三年（二〇一一）に長浜曳山まつりの調査に参加した。その後、約一年間大手町組壽山の山組に焦点を当て、調査を引き続きおこなった。その際に感じたことやインタビューをとおしてわかったことを交えながら、山組の姿を明らかにしていく。

壽山を山組とする大手町は長浜駅から徒歩約十分の場所に位置しており、県外からの観光客に人気のスポットである黒壁スクエア、海洋堂フィギュアミュージアムや、飲食店、お土産屋などが連なる大手門通り周辺の地域である。

一般に各山組内の組織は、若衆と中老で構成される。中老を終え、まつりの第一線から退いた元老もいるが、まつりの中心で動く例は少ない。山組によっては若衆が狂言に関係するすべての仕事を担当する「若衆まつり」の形をとる山組と、若衆と中老が一緒になって進めていく「総まつり」の形をとる山組がある。

まつりを運営する山組の組織

まず若衆の組織の内部について見ていこう。若衆の名称は山組によって、若《ワカ》キ中《チュウ》・若《ワカ》キ者《モノ》・若連中《ワカレンチュウ》・若衆《ワカシュウ(ワカイシュウ)》・寄合《キゴウ》などと異なり、人数の多い山組では役職が細分化されているところもあるが、ここでは壽山を取り上げ、述べていきたい。

筆頭《ひっとう》　文字通り若衆全体を管轄する責任者のことである。例外はあるが、幼少時から町の一員として生活し、役者などの経験を積むことで町内の人たちに認められている者がなる場合が多い。若衆のなかで副筆頭や会計を経験し、山組運営に関する経験や知識を高めてからこの役職に就く人がほとんどである。

副筆頭　副筆頭は筆頭により指名され、まつりの執行に関する事務全体を統括する。まつりについての会議は基本的に副筆頭が進行し、まつり当日の指揮もおもに副筆頭がおこなう。筆頭との意思疎通を図りながら進めている。

若衆会計　若衆会計はまつり運営・狂言執行に関するお金を管理し、筆頭や副筆頭と話し合うことも多い。

役者方　役者一人に一人ずつつき、それぞれの役者の移動や、稽古から本番まで全面的なサポートをおこなう。とくに本番では時間の遅れや雨など、何が起きるか予想がつかないため、臨機応変な対応が求められる。その一方で、ときには役者の話し相手になったりもする。役者の人数に合わせて役者方の人数は増減する。平成二十四年のまつりの際には役者が七人、役者方が十人いた。

舞台後見《こうけん》　つねに曳山の楽屋に待機している。狂言中に舞台上の役者の動きの補助や衣装がえ、また小道具の出し入れや拍子木などの鳴り物を鳴らすなどして、狂言を円滑に進行させる。

三役方　振付・太夫・三味線の三役のお世話をする。失礼がないようにとの考えで、若衆のなかでもとくに経験がある年配の人が担当する。

囃子方　日常のシャギリの練習と本番での演奏を取り仕切る。囃子を演奏するのは子どもたちが多いため、指導などもおこなう。

提灯方　昼とはまた違った夜のまつりを彩る提灯・ロウソクの管理などを担当する。
賄《まかない》方　役者や三役、若衆、そしてシャギリを吹く子どもたちの賄いを調達する。
籤《くじ》取人　神前狂言の執行順を決める籤を引く。独身の男性しかなれない決まりがある。

このように山組にはさまざまな若衆の役職がある。基本的には誰がどの役職をやるのかは年によってかわり、絶対的に決められているものではない。ただし、賄方であれば家が飲食店を営んでいる若衆であったり、提灯方であれば、昼間は仕事の都合でどうしてもなかなか参加できないが提灯の必要になる夜の時間帯であれば参加できる若衆が務めたりと、それぞれの若衆の得意な分野に合わせることはある、ということを若衆から聞いた。

若衆は、知識が必要とされる舞台後見のような専門的な作業から、役者である子どもたちの世話まであらゆる仕事をこなしていく必要がある。なかなか言うことを聞かない子どもたちの世話をするのはもう一苦労である。まつり期間中やその準備期間は、若衆たちは自分の役割をこなしながら、大忙しで動きまわり、まつりの運営に汗を流している。

一定の年齢に達して若衆を終えた人は中老になる。中老のなかでまつりの執行に最も重要な役割を果たすのは、負担人と副負担人、また總當番《そうとうばん》である。

負担人とは、中老の代表者のことであり、山組を代表して、あらゆる業務を統括する存在である。かつては同じ人が長きにわたって務める傾向にあったが、現在は交代制で務めている。副負担人は負担人を補佐し、若衆会計とは別の、中老の会計処理をおこなう。總當番は、山組を代表して總當番に出仕し、全山組の運営に務める。

ここまで述べてきた若衆、中老などの組織はすべて男性で構成されており、女性は組織に入っていない。若衆や中老などの夫を持つ妻は、賄いを作ったり、家庭でのサポートをこなしており、まつりを陰で支えている。

山組の抱える課題

このように各山組にはさまざまな役職があり、それぞれが役割を果たしていかない限りまつりは運営できない。しかし山組全体の傾向として、町内の人口減少により若衆が不足してきている。駅から南側にある住宅街に位置する月宮殿のような山組では変化は少ないが、少子高齢化が進み、町内の人口減少が顕著な山組もある。そうしたなかで、山組はどのようにまつりを継承しているのかを再度壽山を中心に見ていこう。

冒頭でも述べたように、壽山を山組とする大手町は長浜駅から徒歩約五分の、商店が多い地域に位置する。そのため、まつり期間中はとくに仕事が忙しく、なかなかまつりに割く時間を持てない山組の人もいる。しかし若衆の人数は必ずしも減っていない点が興味深い。それはなぜだろうか。

まず、大手町の人口・世帯数の推移を見ていこう。平成二年から平成二十四年の間で、世帯数は十世帯減り、人口は百二十三名から六十七名に半減している（図1参照）。五年ごとに約十名前後の減少であるが、平成二十二年から平成二十四年にかけての、二、三年間で約十名減少するという、急速な人口減少となっている。さらに年齢人口別に見ると（図2参照）、十五歳以上六十五歳未満の人口は、平成二年では八十一名だったのだが、平成二十四年では二十九名に減少している。これは、町内に住む若衆の家族数が減っていることを意味する。さらに、十五歳未満の人口は、この二十年で五分の一となってしまっている。とくに十数年後に、若衆となり、まつりを担っていくと考えられる年少の男の子に関しては、現在一名という状況にある。

このことと関係して、現在の住まいを大手町に置く人が減少し、住まいを大手町外に置

Ⅲ　曳山まつりの現在を考える

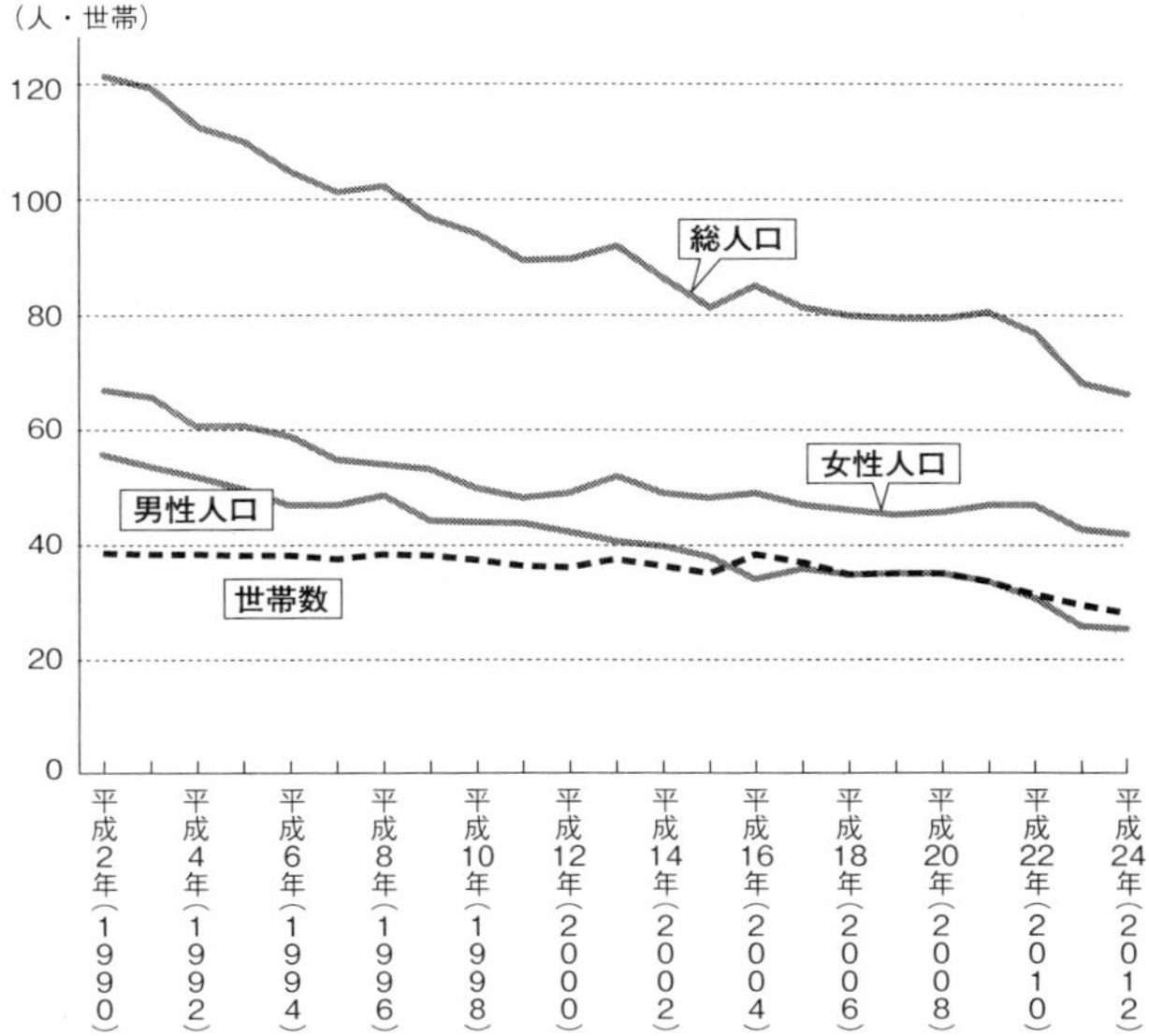

図１　大手町の人口と世帯数の推移

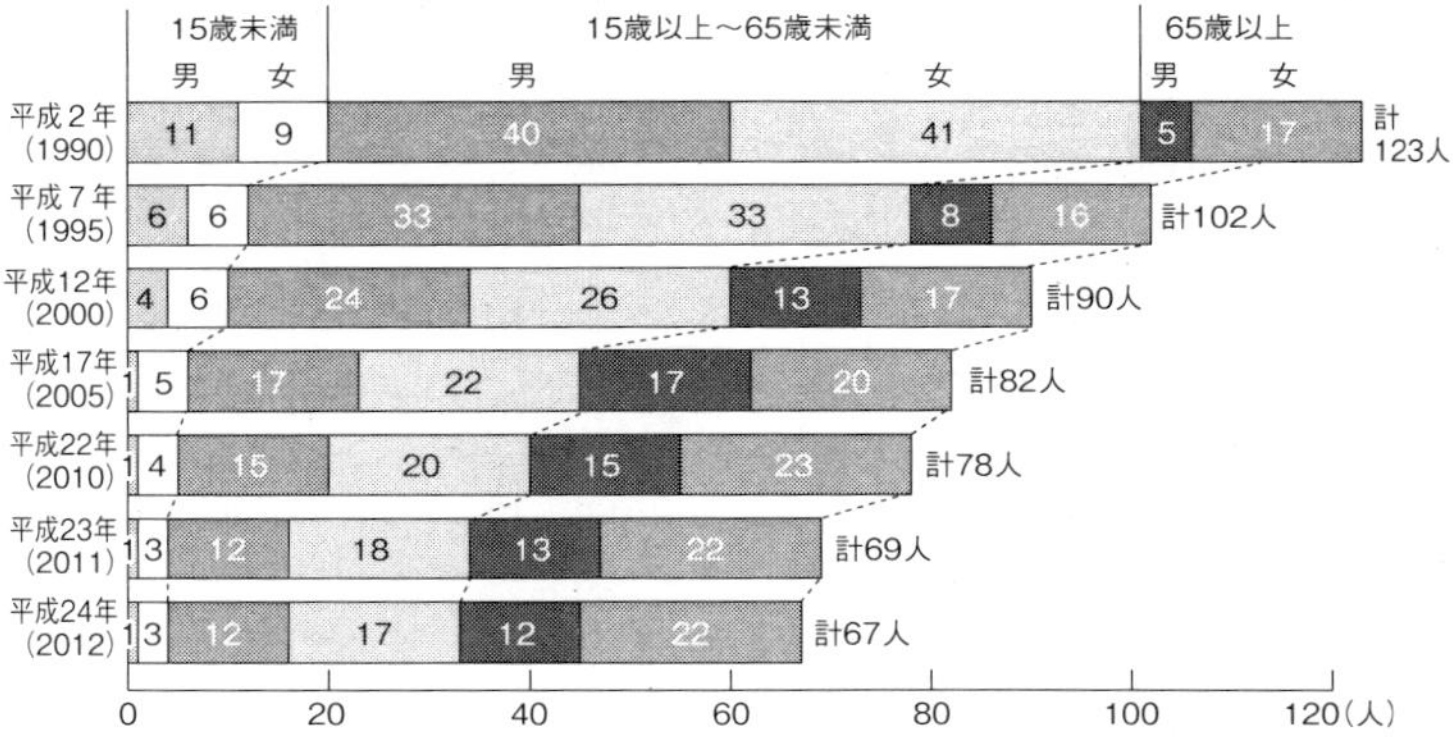

図２　大手町年齢人口別データ

いている人が急増している。ある若衆は「大手町にある家は一階を貸店舗などにしているため、居住スペースが(二世帯住宅ならさらに)確保できないということが理由の一つとして挙げられるのではないか」と語っていた。住所が町外であっても若衆の活動を続けていることは、幼少期に大手町に住んでまつりに参加した若衆のつながりが現在でも強固であることを示している。

若衆は親からの継承で入る人が多い。そのほかにも婿養子として町内の家に入ったことをきっかけとして入る人もいる。そして近年では従来からの血縁や地縁とは関係なく若衆に入る人もいる。具体的には若衆の友人で裸参りから参加し、さらにまつりへの関心を強めていくうち、紹介されて若衆に入る場合、また町内に新たにテナントに入る形で店を出したことや、その店で従業員として働くようになったことがきっかけで入る場合もある。テナントの人に対しては、壽山の人がたまたま店で買い物をして、初めて見る顔の人に声を掛け、自分もまつりに参加したいと強く思う人に入ってもらうという。一方で、まつり期間中にはテナントの人は店を開けており、たくさんの観光客も訪れるため、店を閉めることはできない。そのため、若衆としてまつりに参加する人を、テナント内で支える必要があり、テナントで働く人同士の協力というものも重要になってくるという。

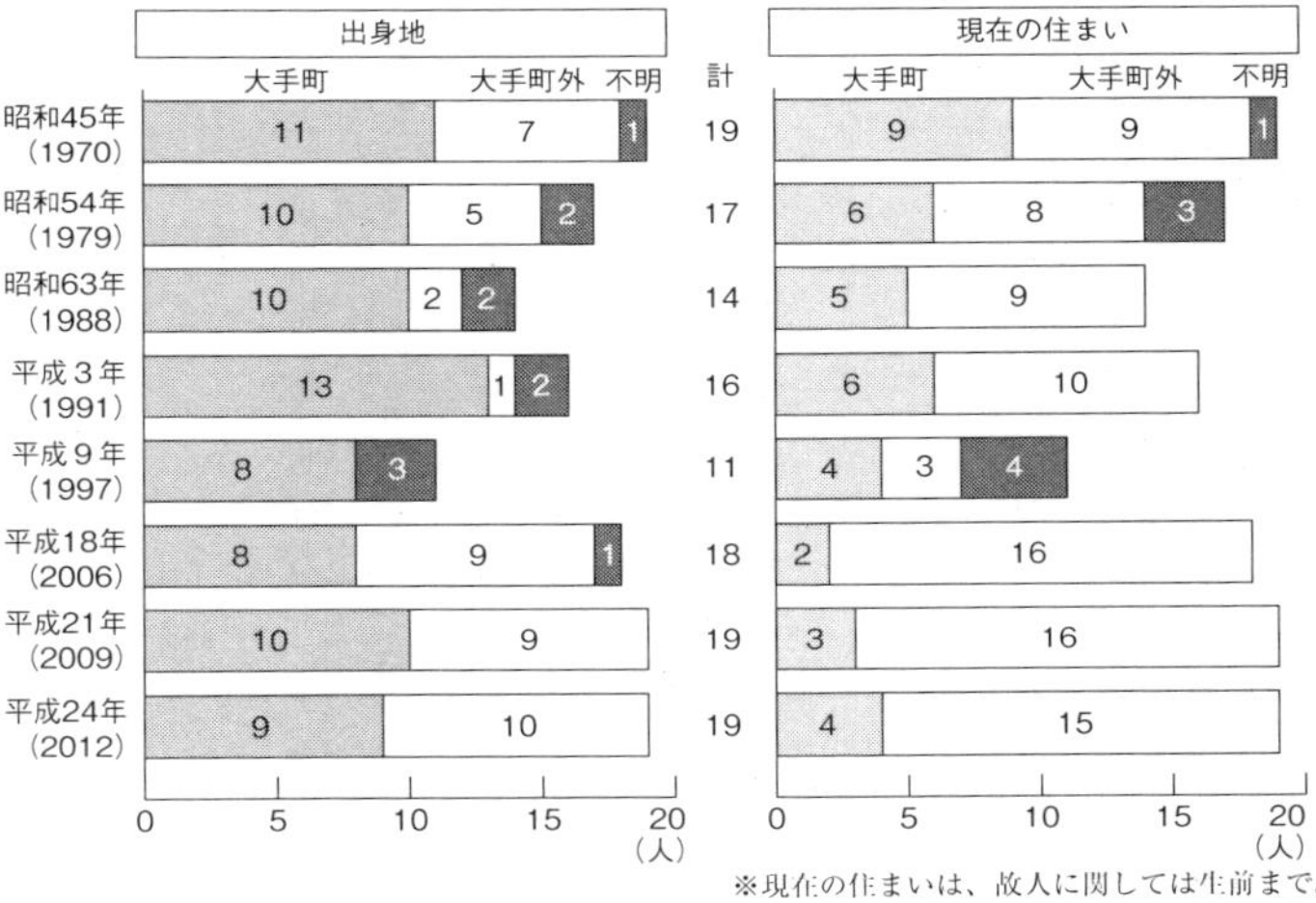

※現在の住まいは、故人に関しては生前まで。

図３　若衆の出身地と居住地

（壽山パンフレット・インタビュー結果より村松作成）

図３は、若衆の出身地、現在の住まいの人数割合を示している。実はこの表を作成するのは結構大変であった。まず出番山の際に発行される山組パンフレットに掲載されている若衆の名前などを調べ、リストにした。それをもとに、筆頭経験のある方や、現在若衆の中心である方にお話をうかがうことでこの表を作成することができたのだ。

この図を見ると、年々多少の動きは見られるが、毎年十五人程度の人数が確保されていることがわかる。出身地に注目すると、かつては大手町出身の人が多かったが、年々減っていき、その減ってしまった人員を大手町外出身の人で補っていることがわかる。こうして現在まで若衆の人数を維持しながらまつりを継続しているのである。

しかし、幼少時の役者経験が、若衆になりまつりの運営をしていく際や、若衆の仕事をこなしていく際に重要になってくるという話もある。壽山若衆のOさんは、「役者を経験していると、自分が役者のときに若衆の人にしてもらったことが記憶に残っているため、スムーズに動くことができる。私も、役者のときに見た若衆の人の姿は、結構今でも覚えているよ」と話す。血縁や地縁のつながりをきっかけにしない若衆は、幼少時の役者経験がないため、若衆がどのように動くのかわからない。こうしたなかでまつりをどう引き継いでいくのかが、今後の課題となるのではないかと考えられる。

また、若衆として一度入っても、継続してまつりにかかわるかどうかはわからない。大手町にかつてお店をかまえていた人が若衆に入ったことがあったのだが、お店をやめると同時に若衆もやめたそうだ。現在ではほとんど会うこともないという。つまり、若衆に一度入ったとしても、転居すればかかわりを持たなくなってしまうのである。

若衆は誰でもなれるというものではないし、出番山のときの時間的・体力的な負担も相当なものになる。まつりを執行することへの責任感も求められる。ただ、そういったハードルがあるとはいえ、仕事や友人というつながりを通じて新たな若衆が山組に加わり、積極的にまつりの運営にかかわっていくことで、今後のまつりがさらに活性化していくのではないだろうか。

曳山まつりの継承とその未来

滋賀県立大学人間文化学部　講師
武田俊輔

まつりの継承と近年の取り組み

本書を閉じるにあたり、曳山まつりの継承に見られる近年の動きと、今後の展望について論じておきたい。曳山まつりが次世代へと継承されるうえでは、まずは狂言の役者となる子どもが、そして狂言執行の中心かつ役者となる子どもたちを育てている若衆が山組内にいることが必要となってくる。さらに狂言ばかりでなく、シャギリの子どもたちや山曳きに要する人手が十分に確保できることも重要である。

しかしながら、すでに高木さんや村松さんが具体的に論じているように、曳山まつりを執行する山組の多くが位置する長浜の中心市街地の内部では、現在少子化と高齢化が進行している。進学や就職を機に長浜を離れてしまう人も少なくなく、また山組のある町内に店を構えていても、仕事の関係上、なかなか山組の活動に参加できないという人もいる。その結果、山組の町内に生まれ育ち幼少時からまつりを経験してきた若衆が減少し、すでに二十代の若衆がいない山組も存在している。

こうした状況のなかで山組の人々は、十年、二十年先を見据えながら、今後の曳山まつりの継承に向けて、新たにどのように対処しようとしているのだろうか。本章では近年のこうした動きについて見ていきたい。具体的には、若衆の外部からの新規勧誘とその可能性について、実際に若衆となった私自身の体験を交えて考えていくとともに、近年の継承の動きとして、おもに山曳きとシャギリにおける山組同士の協力関係や、学校・地域社会との連携について説明していこう。

若衆への新規参入の可能性

まずは狂言の継承をめぐる問題について、個々の山組ではどのように解決しようとしているのだろうか。どの山組も、一人でも多くの若衆に参加してもらえるようにと努力をしている。もともと山組の町内に住んでいた人の継続的な参加はもちろんのこと、小さい頃に山組の子どもに誘われてシャギリを始めた人が若衆になったり、町外でありながら、息子が山組からの依頼で役者になったことがきっかけとなって若衆になったという人もいる。

また村松さんが論じているように、裸参りへの参加をきっかけとしてまつりを知り、長年にわたってまつりにかかわるようになった若衆の友人や同じ商店街で新たに仕事をするようになった人など、もともとは山組のメンバーでなかった人たちが、若衆としてまつりに参加するようになった山組もある。なかには諫皷山のように、平成二十一年から山組を一般社団法人として、地域外からでも山組に加入することができるような仕組みを整えた例も見ることができる。

ただしこうした外部からの若衆の参加には、それなりのハードルもある。この点については私自身の経験を交えて考えていこう。巻頭で市川秀之さんが触れているように、平成二十四年度の壽山《ことぶきざん》では、私自身が参与観察調査をかねて若衆の一員となり、まつりの準備から執行に至るほとんどの過程を自ら経験している。調査を通じて若衆にまでなってしまったという研究者は、今のところおそらく私くらいのものであろう。

こうしたことが可能だった背景として、壽山自体が若衆が少ないなかで、比較的、商店街への新規参入者といった外部からの参加者をこれまでに受け入れていたということが挙げられる。同時に、私や学生たちが一年前から、自ら笛を購入してシャギリの調査という形で頻繁に練習に参加し、本書でシャギリについて執筆している山崎さんが壽山の囃子の一員として地域での演奏の際に出演させていただくなど、継続的にお世話になっていたということも挙げられる。

そんな経緯もあって、平成二十四年一月より筆頭にお願いして、毎週日曜夜、シャギリの練習後に開かれる「壽会」という若衆によるまつりの準備会議にもオブザーバー参加させていただいていたのだが、昨年と同様に稽古や当日のまつりの裏側についても調査の協力をお願いしたところ、「若衆でないと稽古場には入れられん」という言葉が返ってきたのである。昨年の調査同様に、稽古場にオブザーバーとして参与観察をさせていただこうと考えていた私は、ここで岐路に立たされたのである。

あとになって考えれば、狂言の指導内容や運営の舞台裏など若衆のなかだけでとどめたいことも当然あり、そうした情報に若衆でないものをアクセスさせるわけにはいかないという判断がこの言葉の背後にはあった。また、まつりに向けて集中して狂言を練り上げていく稽古場において、単に第三者として観察するというだけの人にいてもらっても困るのであり、来るからには若衆という当事者となって、まつりの執行にたずさわってほしいという意味も込められていた。

前年の調査で、まつり期間中ほぼ若衆と同じスケジュールで動き、間近で観察していた私は、狂言の稽古が始まる三月後半以降の若衆の負担の大きさや責任については、ある程度理解できていた。正直迷ったけれど、すでに昨年の調査をとおしてこのまつりの魅力にとりつかれていた私には、もはやそれを受け入れるよりなかった。とはいえ、寛容な同僚や研究仲間が、私にかわっていくつもの仕事を引きうけてくれなければ、いくら私が若衆になろうと思っても叶わなかっただろう。

若衆の仕事の重みと障壁

実際、三月下旬の狂言の稽古が始まってからの若衆の仕事はかなり大変で、平日・休日を問わず、朝・昼・晩の三回、一日に合計九時間程度おこなわれる稽古にできる限り立ち合うことが求められる。稽古場でも、役者と同様に狂言の流れをしっかりと覚えながら、太夫・三味線のかわりとなるテープの操作や太鼓の担当、仮舞台の幕の適切な上げ下げや小道具の役者への受け渡しといった舞台後見としての仕事、仮舞台の横に付き添って振付の稽古の補助をするといった仕事ができるようになることが求められる。

さらに振付の指導内容や子どもの反応についての記録を日々作成して引き継ぐほか、三役・役者の送り迎えやお世話、紙切れによる雪や桜吹雪作り、稽古場の片づけや温度調節といった集中して稽古できるような環境の整備など、若衆がやるべきことは多い。さらに稽古の際は誰もが集中して張り詰めた空気で、丸一日稽古場にいると、ほとほとくたびれるのがつねであった。

若衆はそれぞれ、自分たちの日常の仕事をやりくりして時間をひねり出し、できるだけ稽古に参加するのだが、サラリーマンや公務員の場合は、まつり本番だけならともかく、そうそう平日に会社や役所を休めるものでもなく、どうしても土日と夜間が中心になる。また壽山が大手町通りという、昼に観光客で賑わう地域の山組ということもあって、店舗を構えている人も昼間から店を留守にして稽古ばかり顔を出すというわけにもいかない。使用人が何人もいて、彼らに店を任せて稽古を見ていればよかったような時代ならいざ知らず、まつりだけに力を注げないのも現実なのである。こうしたなかで、本禄君も書いてくれているように、役者のお世話や稽古場の環境整備といった仕事については、私とともに稽古場に入らせていただいた学生たちが担うことも多かった。

そして線香番《せんこうばん》や公開稽古、さらに四日間続く裸参りをへて、四月十三日から十六日にかけては、これまた寝る間がないほどに忙しい日々が待っている。町外から入った若衆はシャギリができないため囃子方はさせず（私自身は練習に参加していたが）、さらに狂言を長年自分の身で経験したわけでもないため、舞台後見のような重責を担うのも無理である。また食事を用意する賄方も長浜市内の飲食店に詳しくなければできない。そんなわけで山組外の出身の私に若衆としてあてられたのは、役者のお世話をする役者方であった。これは私ばかり、あるいは壽山のみというわけではなく、昨年のほかの山組の調査でも、初めて参加する若衆が担当していた。

ただし、役者方は予備知識がなくてもある程度はできる一方で、時間的にはかなり厳しい仕事である。朝の四時から五時には役者方となった若衆は担当する役者一人を自宅まで迎えにいく必要があり、その日のすべての狂言が終わり、化粧を落として着がえをすませるまで日がな一日役者とつねに一緒にいて、その一挙手一投足まで注意を払っていなくてはならない。狂言の際には舞台の進行に注意しながら曳山への役者の上げ下ろしをおこなうし、舞台が終われば、今度は役者の休憩時間に役者の飲食やトイレの世話。狂言の準備が始まれば役者の化粧や鬘つけに付き添い、また役者が移動する際の介添えなどをこなす。このように狂言の最中も休憩・移動時間も、四六時中アンテナを張っていなくてはならないのが役者方なのである。もっとも今回は、ボランティアが終わった学生たちが自主的に、壽山にやって来て役者たちの面倒を見てくれたため助かった。

とはいえ、役者たちを自宅に帰してから翌日のまつりについての会議や打合せがおこなわれるため、若衆は皆帰るのはいつも深夜となった。さらに役者の迎えや化粧に間に合うように、まだ空が暗いうちに家を出る必要もあり、私の場合、長浜から自宅までは一時間以上かかる所に住んでいたこともあって、この間はほとんど睡眠時間を取ることができなかった。

このように曳山まつりは準備の段階からまつり期間まで、自身の仕事の状況も睨みながら、かなりの覚悟をもって参加することが若衆には求められるのであって、このまつりそのものや若衆同士の絆に対する愛着、そしてまつりを無事に成功させるための熱意が必要とされる。昨年から調査でお世話になっているほかの山組の若衆たちには、稽古の期間やまつり当日に壽山の若衆としてまつりに加わっている私を見かけると、一様に含み笑いをしながら、「ほんで、先生はいつ、うちの山組にも入ってくださるんですか」「これからは毎年出番ですな」などと冷やかされたものである。

まつりのディープな世界の一員へようこそ、といった趣で、昨年の密着取材ともいえるような調査を通じて若衆の負担を十分に理解しているにもかかわらず、あえてそこに飛び

登り山で交代しながら曳山に座る筆者（H24.4.14 13:41）

込んだ私に対する親愛を込めた冗談であるが、こうした負担はあってもそれだけまつりへの愛着を持ってくれるような人にこそ、若衆としての参加はふさわしいということなのだと思われる。

すでに述べたように一部の山組では裸参りからまつりに参加するようになった人や、借り役者の親を若衆に勧誘しているが、そのようにしてまつりを知り、さらに積極的な参加をしたいという思いがある人は、自身で狂言を経験していないがゆえに役割に制約が生じてしまうという問題はあるものの、新たな担い手になり得るし、実際になってもいる。そうした人に対する門戸は、すでにある程度開かれつつあるといえる。もっとも、ここまで述べたような負担を乗り越えて入りたいという人がそう多くいるとは考えにくいが……

このように狂言の継承に関しては、外部からはそう簡単に参加しにくい面がある。しかしそれ以外については、より一般に開かれた形での新たな参加の回路が生まれてきている。以下、それについて論じていきたい。

山曳きにおける若衆同士の協力と市民ボランティア

かつて、各山組は一緒にまつりをおこなうといっても、基本的にはライバル同士であり、互いに協力したり、情報交換したりといったことは少なかった。実際、今でも同じ年の出番山同士は狂言のできを競い合い、また裸参りの際にはときには違う山組の若衆同士の間に火花が散るといった関係はかわらないし、それが若衆たちにとってまつりを盛り上げる刺激ともなっている。また、ほかの山組のまつりのやり方や慣習については、お互いによく知らないという場合も多い。

ただし近年ではこうした関係ばかりではなく、山組同士がまつりの継承に向けて互いに協力し、話し合っていこうという機運が生まれている。これらはいずれも、山組全体としての少子化や高齢化、若衆や子どもの人数の減少が進むなかで、そうした状況を踏まえていかにまつりを継承するかについての模索のなかで生まれてきた動きである。

曳山まつりをおこなううえで欠かせないものの一つとして、曳山の曳き手がある。一般に曳山を一つ曳くためには三十人くらいが必要とされる。出番山の若衆たちは、まつりの際は羽織はかまで正装しているために曳くことはできず、そのための人手が別に必要となるのである。戦前では岐阜県などから山曳きが来ていたという。しかし戦後になって山曳きの人数が集まらなくなり、昭和三十六年（一九六一）からは彦根市の滋賀大学経済学部の学生をアルバイトとして雇うようになった。また昭和五十四年以降は高島市今津にある陸上自衛隊から、また平成七年（一九九五）からは連合滋賀からの応援がおこなわれるようになっている。

しかし平成七年の阪神・淡路大震災で自衛隊の応援が不足したことをきっかけに、萬歳楼・猩々丸・月宮殿のうち、出番山《でばんやま》だった萬歳楼に、暇番山《かばんやま》の猩々丸と月宮殿が人手を出すようになった。これ以後互いに出番が重ならないこの三つの山組同士で、曳山を曳く若衆を出し合うようになり、「三山連合」と称している。山曳き以外に、裸参りの際の応援もおこなわれている。なお、諫皷山・翁山・鳳凰山についても平成二十三年より、登り山と本日で山曳きの協力がおこなわれている。

こうした若衆同士の連携は、近年より広がりを見せるようになっている。平成九年一月に十二の山組の若衆で結成された「若衆会」もその一つであろう。単なる年に一度の懇親会となっていたこの会であるが、平成二十三年に總當番からの依頼があり、十二町の筆頭・副筆頭で今後のまつりの方向性について話し合う会議が二月におこなわれている。これは平成二十二年のまつりの際に、それまで来ていた学生による山曳きアルバイトがキャンセルになったことを踏まえており、今後、十二町全体で協力して山を曳くことができるような体制づくりができないかという話し合いがなされている。このように各山組の山曳きの人手不足への危機意識から、山組同士、若衆同士の協力が生まれつつある。

またこれとは別に、山組の外に山曳きを求めるという方向性も、總當番によって模索され、平成二十三年より總當番から広く市民へのボランティアの公募がおこなわれるようになった。ボランティアには事前に曳山まつりや山曳きなどの説明会がおこなわれ、まつり当日には山組の指導のもとで山曳きがおこなわれた。本書で佐野君が述べているように、平成二十四年には滋賀県立大学の学生ボランティアも、滋賀文教短期大学や長浜バイオ大学とともに参加し、山曳きのほか、登り山や夕渡りの行列の先頭に立つ人行事、また夕渡りの際の陣提灯持ち・毛槍持ち・大鳥毛持ち・はさみ箱持ちを担当した。また本書を執筆した王さん、井上さん、岸本さん、篠田さん、西田さんといった県立大学の女子学生が、観光案内や観客の誘導をボランティアとして担当している。

ボランティアを通じて、男子学生からは山曳きや人行事としてまつりで多くの観客からカメラを向けられる晴れがましさや、まつりの裏側の緊張や苦労や安堵を垣間見ることができたという声、また女子学生についてはまつりの一員となって観光客に自分たちが調べたまつりの素晴らしさを伝えることができる楽しさを感じたという声を聞いた。こうした経験を踏まえてさらに曳山まつりにかかわりたいという学生たちが数多くいたことを、嬉しく思う。

囃子保存会の活動と山組の連携

シャギリも山曳き同様に昭和四十年代初頭までは、大半の山組では近郊の農村から囃子方とよばれる人々を雇っていた。しかし農家の兼業化や田植え時期の早期化によりそうした人々が来なくなり、テープレコーダーからスピーカーでシャギリを流したり、当初から自前でシャギリをおこなっていた山組にシャギリの演奏を頼むといったことがおこなわれるようになる。

しかしテープでのトラブルが多発したこともあり、昭和四十六年にはシャギリの後継者を育成するために、山組の枠を越えて囃子保存会が結成されたのである。平成二十三年には結成四十周年を迎えて現在に至っている。囃子保存会は子どもを中心としてシャギリの伝承をおこなっており、当初に教えを受けた子どもたちは今では四十代～五十代を迎えて、各山組のシャギリの伝承においても、そして囃子保存会自体においても中核メンバーとなっている。

こうして発足当初より、山組の垣根を越えてシャギリの後継者の育成を目指して生まれた囃子保存会は、子どもたちの笛の購入や太鼓の修理の補助をおこなうほか、まつりの際には暇番山のシャギリが出番山の応援をするための調整をおこなってきた。実際、たとえば壽山と常磐山、諫皷山と鳳凰山の間では、暇番山から出番山への、緊密な協力がおこなわれている。

これに加えて近年では各山組のシャギリを担うメンバーをつなぐ場として、山組同士で今後のシャギリの育成をめぐる課題について話し合い、さらなる発展を目指そうという機運も高まってきている。その一つの例として、平成二十三年十一月に囃子保存会が開催した「囃子保存会結成四十周年記念しゃぎりフォーラム」が挙げられよう。

しゃぎりフォーラムの講演の様子（H23.11.19 16:13）

このフォーラムでは、平成二十三年の調査に基づいて、筆者が囃子継承をめぐる歴史と課題についての講演をおこなった。そのうえで、県立大学の調査グループが撮影した三つの山組の練習ビデオ、それに保存会のおこなった各山組に対するアンケート調査に基づいて、子どもたちの勧誘や練習参加の継続、練習方法や指導者の育成をめぐる課題について、各山組の囃子係（囃子方）からの報告と活発な質疑応答がなされた。懇親会なども含め、このような山組同士の風通しのよい、ざっくばらんな話し合いや情報交換の場として、囃子保存会は重要な役割を持っている。

またシャギリについては、自町以外の子どもや女子についても参加に制約が少ない（ただし一部の山組は現在でも男子に限っており、また曳山の亭の上での演奏は山組を問わず男子のみである)。そのため、今後は町外も含めて地域の子どもたちやその親に関心を持ってもらい、曳山に欠かせないシャギリを継承していけるようにということで、囃子保存会による積極的な普及活動がおこなわれている。

具体的には、長浜西中学校での伝統文化学習として、「御遣り《おひや》」「神楽《かぐら》」といった曲の学習のために講師を派遣しているほか、平成二十四年には長浜小学校で一時期途絶えていた「しゃぎりクラブ」が再開され、こちらにも講師の派遣がおこなわれている。こうした形で学校を通じて、山組に限らず地域の子どもたちにシャギリを広め、まつりへの参加をうながそうとしている。また各山組でも、学校の友人づてにシャギリのことを知って参加する子どもについては、快く受け入れているところも多い。幼少時からシャギリに参加し、曳山まつりや山組の人間関係に子どもたちが馴染むことを通じて、成長したあとまでこのまつりに参加して盛り上げていく担い手となることが期待される。

新たな参加の可能性

こうした山組同士の協力や、地域社会との連携が生まれているシャギリや山曳きなどは、まつりのなかで戦前からもともと山組の外の人々によって雇われていた部分であり、さらに昭和三十年代から四十年代にはすでに継承の危機に直面し、さらにそれを一度は自衛隊などの外部からの担い手や、山組同士の協力といった形で乗り越えてきたという経緯がある。それゆえに山組の外から新たなメンバーが入ることに対しても、山組としての抵抗は少ない。

そうしたなかで、今後のまつりの担い手として最も可能性があるのは、幼少時からシャギリに親しんだ子どもたちが、さらにまつりに関心を深めていく可能性ではないか。シャギリの子どもたちは山曳きの際にも、また狂言の前後にも活躍する。さらにまつり直前の起し太鼓や、裸参りや夕渡りといった場での迎えシャギリなどもあり、ほぼまつりの全体をつねにサポートし、そして身近に体感する位置にある。

このような経験を通じて、よりまつりに参加したいという思いが子どもたちのなかから生まれるのは自然であり、まして山組出身の友人が役者に選ばれたり、またそのまま若衆としてまつりの中心にかかわっていくのを身近で見るようになれば、なおさらであろう。とりわけシャギリの場合、山組の若衆が子どもたち全体を教え、また年長の子どもたちが小さい子を教えるといった世代・年齢を越えたつながりができ、同年代の友人同士で一緒に練習することを通じて同年齢集団も生まれやすく、そうした絆がのちのちまで継続することによって、集団としてまつりを継承する担い手となっていく可能性が高まると予想される。実際、そうした形で若衆になった人もすでに見受けられるのである。

まつりに親しむことを通じて若衆入りしていく可能性については、すでに述べたように若衆の友人として誘われて裸参りに参加したことがきっかけとなって若衆となった人がいることから、大人（の男性）であっても可能性がある。ただ、より十年、二十年先を見据えた担い手の育成という観点からは、山組という枠を越えて子どもに積極的に働きかけていくことが重要といえるだろう。その意味で近年の囃子保存会の活動は、単に囃子だけにとどまらない形での、継承の可能性を感じさせる。

戦前から戦後にかけて、曳山まつりは役者でない子どもたちにとっては参加するような機会もなく、ましてや女子が入り込む余地はなかった。囃子保存会はそうしたなかで、シャギリを町の子どもたちに習わせ、さらにその門戸を女子にも広げることを通じて、まつりを地域のより多くの人々に開放してきたが、町内の子どもたちが少なくなった現在、それをさらに外部に広げていこうとしている。従来、曳山まつりはあくまで八幡宮を中心とした山組のみのまつりであり、現在でも周辺の町や村落では名ばかりは知っていても見たことはないという人が少なくないが、そうした人々にもこの曳山まつりを広めていくことは、継承という点からも重要な意味があるということができる。

曳山まつりの今後

そうした点から考えたとき、本書を執筆している滋賀県立大学の学生や教員がまつりの継承に対して貢献できる可能性もまた、見えてくるように思われる。すなわちそれは調査・研究を通じて、曳山まつりの歴史と現状を明らかにするとともに、その成果を山組の内外に広く知らせて、山組内部のみならず、これまでまつりに直接接したことがない市民や学生にも、関心を深めてもらうことにあるだろう。

そうした山組の内外への調査成果の還元としては、すでに触れた筆者による「囃子保存会結成四十周年記念しゃぎりフォーラム」における報告のほか、平成二十三年十二月に学生の手によって、湖北観光情報センター・四居家《よついけ》にて「~滋賀県立大学生による曳山まつり調査~よいさ! よいさ! 潜入! 長浜曳山まつりの舞台裏」と題したワークショップを開催している。ここでは役者・若衆・シャギリ・裸参りに関するパネル展示とポスターセッションをおこなって、山組の方々や観光客にご来場をいただいた。さらに山組内に対しては、長浜曳山文化協会の傘下でまつりの伝承に大きな役割を果たしている伝承委員会で、若衆を対象とした学生による報告会もおこなっている。

学生を中心とした本書の執筆を、サンライズ出版の岩根治美さんより打診していただいたとき、私たちの脳裏に浮かんだのもまた、学生たちの視線からまつりの姿をわかりやすく伝えることを通じて、そうした市民のまつりへの関心に応えられるのではないかという思いであった。そのもくろみが成功しているかどうかは読者の判断に委ねるよりないが、曳山まつりがそうした関心を人々に抱かせるに足る魅力を十分に備えているということは、間違いなく断言できる。

実際、昨年および今年の調査に参加した学生たちから寄せられた声が、そのことを裏づけている。学生たちは一人を除いて皆、出身地は長浜ではなく、さらに多くは子どもの頃からまつり自体にもなじみのない人たちであったが、曳山まつりを深く知るにつれて次第に、曳山まつりやそれにたずさわる役者や若衆たちの熱気、そしてひいては長浜という町の魅力にとりつかれていった。

たとえば、自ら参加した寒い夜の裸参りに感じた若衆たちのまつりへの情熱に強い印象を受けたという学生。あるいはまた、稽古から本番までの時間をともにして、役者の子どもたちが一人前になっていく様子を間近で見ながら、地域ぐるみで子どもたちを育てるということの意味を実感した学生。そして町全体がまつりにかかわり、さまざまな苦労を乗り越えてまつりを執行するなかで生まれる人のつながりに、長浜の魅力と強さを感じた学生……。いずれも、一観客としてまつりを見ているだけでは、体感することなど到底できなかったであろう。まだまだつたない学生たちの文章ではあるが、そうした学生たちの感じた生々しいまつりの情景が、本書のなかからうまく伝わってくれることを教員として願っている。

今後県立大学として、長浜市曳山博物館のご協力により、こうした学生のまつりに対する思いを生かしてさらなる調査成果の市民への還元をおこなうべく、今回の執筆メンバーを中心に、平成二十四年九月に博物館での学生による展示を開催させていただくことが決まっている。またさらなる調査の継続やボランティアへの継続的な参加も含め、曳山まつりのさらなる発展に向けて、今後も活動を続けていきたい。

最後となったが、本書の執筆に当たっては、数え切れないほどの方々のご協力を賜った。調査へのご協力をいただいた山組・三役の皆さん、また平成二十三年度・二十四年度の總當番の皆さん、さらに囃子保存会の皆さん、また本書を生み出すきっかけとなった学生による調査報告をさせていただいた湖北観光情報センター・四居家の皆さんにも心より御礼申し上げたい。

さらに、平成二十二年～二十三年に実施した「長浜曳山狂言および長浜曳山囃子民俗調査記録作成事業」でお世話になった財団法人長浜曳山文化協会の皆さん、またこの事業においで共同で調査に当たっていただいた皆さんにも感謝申し上げたい。

参考文献

木村至宏編『近江の曳山祭』サンブライト出版　一九八四年
『長浜曳山祭総合調査報告書』長浜市教育委員会・長浜曳山祭総合調査団　一九九六年
『長浜市史』六巻　祭りと行事　二〇〇二年
『長浜曳山祭の芸能』曳山文化協会・滋賀県立大学人間文化学部地域文化学科　二〇一二年

編集後記

▽学生たちが中心になって伝統ある長浜曳山まつりの本を作るというのは、随分無謀な企画だと最初は思いました。どうにか完成が近づきホッとしています。調査はもとより編集についても、学生編集長の瀬在優実さんをはじめとする学生たちが尽力してくれました。みなさんの努力に拍手を送りたいと思います。また地元をはじめとする多くの方々のお世話でこの本ができました。心より感謝申し上げます。

（市川秀之）

▽私たちが本格的に長浜曳山まつりの調査を始めてから、一年八ヶ月。その間に学生たちとともに、多くの山組の方々と出会い、まつりの様々な現場に立ち会わせていただきました。当時まだ大半が二回生以下で、調査経験もほとんどなかった学生たちにとって、そうした出会いの一つひとつが学びであり、成長の機会となりま

した。いわば、調査を通じて学生たちは山組の方々に、そして長浜曳山まつりに育てていただいたのだと思えます。お世話になりました皆様に、深く感謝申し上げます。

この本は、そんな学生たちの学びの決算書であり、また長浜という街と大学とのいっそうの連携に向けた、一つの通過点でもあります。本書をさらなるきっかけとしつつ、こうした学びの成果を、今後も地域社会へと還元していくことができればと考えております。これからも、何とぞよろしくお願いいたします。（武田俊輔）

▽

この本は調査員一人ひとりの経験を基に書かれています。そのため編集作業では、ほかの人の原稿を読んだ調査員から「こんなことがあったのか」という驚きの声をよく耳にしました。一緒に調査した調査員同士でさえ知らなかった出来事がたくさん含まれている点も、この本の魅力となっています。

ただ、調査中はまさか本になるとは思っていなかったため、各自当時の自分の調査メモをもとに、必死で記憶を手繰り寄せました。ときには調査員同士で記憶を照らし合わせながら原稿と向き合ってきました。叙述的に書くようにとのミッションが最も困難で、普段のレポートとの違いに多くの調査員が苦戦しました。

第一締め切り前の約十日間、ほぼ連日朝まで研究室にこもって一緒に作業をしてくれた調査員たちがいなかったら、この本は完成しなかったでしょう。なかには就職活動と並行していた調査員もおり、時間に追われながらも原稿に取り組んでくれました。並々ならぬ苦労はありましたが、先輩後輩をこえ学生みんなで作業したことは、今ではよい思い出です。地域文化学科の後輩たちが、今後も長浜曳山まつりにかかわっていくことができたらよいと思います。

最後に、学生である私たちにこのようなすばらしい機会を与えてくださった皆様に感謝いたします。この本で長浜曳山まつりのさらなる魅力をお伝えできれば幸いです。

（学生編集長　瀬在優実）

執筆者一覧

（掲載順、肩書きは平成24年７月現在）

滋賀県立大学　人間文化学部　地域文化学科

教授		市川秀之
学部	４回生	鎌倉千穂
	４回生	瀬在優実
	３回生	本禄賢志
	４回生	山崎晃代
	４回生	向井　渉
	３回生	岸本香歩
	３回生	篠田佳奈
	３回生	西田　葵
	４回生	後藤恵理
	２回生	佐野正晴
院	２回生	中川　永
学部	３回生	井上共世
院	２回生	王　京徽
院	卒業生	小林　力
学部	卒業生	高木　唯
	４回生	村松美咲
講師		武田俊輔

■編著者略歴

市川秀之（いちかわ・ひでゆき）

1961年　大阪府生まれ。
1985年　同志社大学文学部卒業。
1987年　関西大学大学院博士前期課程修了
博士・文学。大阪狭山市教育委員会・大阪府立狭山池博物館などを経て、現在、滋賀県立大学人間文化学部地域文化学科教授。専門は日本民俗学・博物館学。

武田俊輔（たけだ・しゅんすけ）

1974年　奈良県生まれ。
1997年　東京大学文学部卒業。
2003年　東京大学大学院人文社会系研究科単位取得退学。
修士・社会学。日本学術振興会特別研究員・江戸川大学社会学部非常勤講師を経て、現在、滋賀県立大学人間文化学部地域文化学科講師。専門は社会学。

淡海《おうみ》文庫48

長浜曳山《ひきやま》まつりの舞台裏—大学生が見た伝統行事の現在《いま》—

2012年10月5日　第1刷発行　　N.D.C.386

編著者　市川秀之・武田俊輔

著　者　滋賀県立大学曳山まつり調査チーム

発行者　岩根順子

発行所　サンライズ出版株式会社
〒522-0004 滋賀県彦根市鳥居本町655-1
電話 0749-22-0627

印刷・製本　サンライズ出版

ISBN978-4-88325-170- 4　Printed in Japan　定価はカバーに表示しています。

淡海文庫について

「近江」とは大和の都に近い大きな淡水の海という意味の「近（ちかつ）淡海」から転化したもので、その名称は「古事記」にみられます。今、私たちの住むこの土地の文化を語るとき、「近江」でなく、「淡海」の文化を考えようとする機運があります。

これは、まさに滋賀の熱きメッセージを自分の言葉で語りかけようとするものであると思います。

豊かな自然の中での生活、先人たちが築いてきた質の高い伝統や文化を、今の時代に生きるわたしたちの言葉で語り、新しい価値を生み出し、次の世代へ引き継いでいくことを目指し、感動を形に、そして、さらに新たな感動を創りだしていくことを目的として「淡海文庫」の刊行を企画しました。

自然の恵みに感謝し、築き上げられてきた歴史や伝統文化をみつめつつ、今日の湖国を考え、新しい明日の文化を創るための展開が生まれることを願って一冊一冊を丹念に編んでいきたいと思います。

一九九四年四月一日